ROLAND

Vorbemerkung
7

Der Teufel. Kleine Geschichten von unseren Wünschen
9

Ach, wenn es keinen Ausweg gäbe! Europa und das Kismet
26

Der Regen. Eine Alltagserfahrung
44

Der Halbschlaf. Poetik einer ungewissen Zone
60

Der Rauchtabak. Fixierung einer Gebärdensprache
im Augenblick ihres Untergangs
75

Die Katze. Sehnsucht nach Unangefochtenheit
87

»Das haben wir gleich!« Zauberei der Improvisation
106

Das Totenreich. Gespräch mit den Phantomen
121

Vorbemerkung

Die *negative Fähigkeit* – das heißt: wenn der Mensch fähig ist, sich im Ungewissen, Geheimnisvollen, Zweifelhaften zu befinden, ohne irritiert nach Tatsachen und Gründen zu haschen.

JOHN KEATS, Brief an die Brüder vom 21.12.1817

Der Akt an sich ist trivial, dauert nur einen Augenblick und bedarf keiner Beschreibung … Es gibt keine der Ausführung dieses Kultes eigens geweihten Tempel, aber eine Ruine, ein Keller oder ein Hausflur gelten als angemessene Örtlichkeiten. Das Geheimnis ist heilig, und doch besitzt es auch eine gewisse Lächerlichkeit.

BORGES, Die Phönixsekte

Dementsprechend deutet das mit »Je ne sais quoi« umschriebene geheimnisvolle Etwas einmal auf ein an außerordentlichen Personen oder Kunstgegenständen einzigartig Aufleuchtendes, das andere Mal auf den Grund der Seele und des Gewissens.

Historisches Wörterbuch der Philosophie, I–K

I lass' mir mein' Aberglaub'n
Durch ka Aufklärung raub'n,
's is jetzt schön überhaupt,
wenn m'r an etwas noch glaubt.

NESTROY, *Höllenangst*

Es ist für den zerstreutesten Leser dieser Versuche – *l'essai*, der Versuch – offensichtlich, daß ihre Generallinie das Argumentieren durch Zitate ist, zumindest das argumentativ gefärbte Herzeigen von solchen. In der Überzeugung, daß die Ausstrahlungskraft einer Zitierung unter glücklichen Umständen ungleich mehr vermag als die eigenen Darlegungen, hat der Autor in diese Technik sein Vertrauen gesetzt.

Die ganz unterschiedlichen Gegenstände des Buches werden – hoffe ich – zusammengehalten durch das Band eines Untertitels, in dem ein starkes Gefühl (und zwar eines, heutzutage, von großer Subjektivität) und eine neutrale Kategorie der knappen Aufzeichnung sich begegnen. Das Buch zielt auf dieses Zusammentreten des Beiläufigen und des eigentlich Unbeschreiblichen.

Der Teufel. Kleine Geschichten von unseren Wünschen

»Seien Sie nicht überrascht«, sagte sie mit einem trockenen Lächeln. Sie verschluckte ein Gähnen und fuhr fort: »Tatsächlich bin ich der Teufel.«

Der schüchterne, naive Erwin nahm dies als bloße Redewendung, doch die Dame fuhr mit gesenkter Stimme fort:

»Wer mich mit Hörnern und einem dicken Schwanz vor sich sehen will, irrt sich sehr. Nur ein einziges Mal bin ich in dieser Gestalt erschienen, und ich weiß wirklich nicht, weshalb das so ein verdammter Erfolg war …«

NABOKOV, A Nursery Tale

»Ich bin der Teufel.« Dieser Satz fällt gelegentlich in der modernen Literatur; in Nabokovs Geschichte bekommt ihn ein junger Mann in Berlin zu hören, dem die ältere Dame, die sich als »Frau Monde« vorstellt, seinen Herzenswunsch freigibt: Es sollen ihm alle die Frauen gehören, die er sich im Verlauf des Tages aussuchen wird; die einzige Bedingung ist, daß ihre Gesamtzahl eine ungerade sein muß. Er hält sich an die Vereinbarung und wählt dreizehn begehrenswerte Passantinnen aus; er hält sich leider doch nicht daran, wie sich herausstellt, weil er nicht genau genug hingesehen hat: »Nummer dreizehn stellte sich als Nummer eins heraus«, und so waren es nur zwölf.

Eine alte Dame ... Warum nicht? In vielen, in unzähligen befremdlichen oder unauffälligen Gestalten durchwandert der Teufel die Geschichte und die Geschichten, und oft bemerkt einer in den *petites histoires* der Volkssage erst dann, wer mit am Wirtshaustisch sitzt, wenn ihm zufällig beim Spiel eine Karte auf den Boden fällt und er, sich bückend, unter dem Tisch sieht, daß es mit den Füßen eines anderen Gastes nicht die rechte Bewandtnis hat. Manchmal ist die Unauffälligkeit gerade das unheimlichste Charakteristikum des Satans, etwa in Chamissos »Peter Schlemihl«, wo ein grauer Herr in Gesellschaft servil die outriertesten Wünsche der Anwesenden erfüllt, ohne daß jemand etwas Außergewöhnliches bemerken möchte, und wo dieser Teufel so schüchtern auftritt, daß er und sein Opfer sich in einem kleinen *pas de deux* der Verlegenheit winden: »Wir stutzten beide und wurden, wie mir deucht, rot.«

Die Theologie hat ihn einstmals als den Herrscher der Hölle beschrieben; dort – sei nun die Hölle in dantesken Theaterlandschaften organisiert oder sei sie (wie es sich der gegenreformatorische Barock vorstellte) ein etwa vier Kubikmeilen umfassendes Loch, in dem Milliarden von Körpern eng aneinandergepreßt aufgehäuft und stinkend liegen – strafte er die Sünder, indirekt eine kooperierende Agentur des himmlischen Hofstaates. All dies liegt lange zurück. Was lehrt seine Gestalt uns noch? Ganz verschwinden will sie nicht. Sie bleibt bemerkenswert, weil der Teufel in den Geschichten, die wir uns erzählen, immer noch die Welt durchstreift und weil seine sich wandelnden Erscheinungsformen immer noch alle auf ein Zentrum zielen: das Spiel mit der Logik unseres Wünschens. Er ist ein wandelnder Inventarspiegel unserer Sehnsüchte. Deshalb richtet sich die begehrliche Neugier unserer Literatur zuweilen auf die Unterwelt. Ist diese wirklich fürchterlich?

Aus dem Märchen ist uns die Erinnerung an eine nicht ganz ungemütliche Hölle übriggeblieben – sie ist ähnlich wie die Wohnstatt des Ogers in anderen Märchen zwar bedrohlich (»Ich rieche, rieche Menschenfleisch« – oder, noch schöner: »Fe, fi, fo, fum, I smell the blood of an Englishman«), aber auch in ihrer fremdartigen Dekoration und als Ort, wo man die Aufklärung vieler Geheimnisse belauschen kann, durchaus fesselnd. Sie hat etwas Selbstverständliches, wie ein Zimmer aus der Kindheit, in der ja auch nicht immer alles mit rechten Dingen zuging. »Als er über das Wasser hinüber war, so fand er den Eingang zur Hölle. Es war schwarz und rußig darin, und der Teufel war nicht zu Haus, aber seine Ellermutter saß da in einem breiten Sorgenstuhl« (»Der Teufel mit den drei goldenen Haaren«, Grimms Kinder- und Hausmärchen Nr. 29). Das Motiv vom Teufel und seiner Großmutter ist schon in sich und ganz alleine geeignet, eine kleine »rußige« Gegenwelt zu begründen, unheimlich, aber paradox beruhigend; es erscheint wie das rätselhaft gemütliche Fragment eines uralten Götterglaubens. Kinder sind oft fasziniert von der strengen, doch gerechten Dienstzeit in der Hölle, die der entlassene Soldat in »Des Teufels rußiger Bruder« durchläuft (Nr. 100), oder von jenen surrealen Treppenhausbeschreibungen bei den Brüdern Grimm wie »Der Herr Gevatter« (Nr. 42) oder »Die wunderliche Gasterei« (Anhang Nr. 7, mit dem unvergeßlichen Beginn: »Auf eine Zeit lebte eine Blutwurst und eine Leberwurst in Freundschaft, und die Blutwurst bat die Leberwurst zu Gast …«). Der Lakonismus dieser knappen Geschichten ist monumental. »Als er auf die zweite Treppe kam, sah er eine Menge toter Finger liegen …« Sie werden von den Brüdern Grimm einer kleinen Höllen-Prosa zugerechnet: »Wahrscheinlich sind es Bruchstücke, die blos das seltsam-grausenhafte von des Theufels Wirtschaft darstellen wollen« (Anmerkung in der Auflage von 1822). Das Kind mag sich wohlfühlen in der Hölle, wo es viel zu sehen gibt, und mag etwas lernen an einem Ort, wo Gewalt herrscht, die im einen Augenblick so tut, als sei sie moralische Vergeltung, im nächsten ihre Grundlosigkeit einbekennt.

Der Volksmund unterhält gelegentlich ein fast zärtliches Verhältnis zum Teuflischen, und der erboste Darmstädter Schuster, dem Niebergalls Datterich schon unanständig lange den Lohn für ein Paar Schuhe schuldet, antwortet auf die Frage »Er schuldet Ihne gewiß Geld?«, seine Verfertigung dieses unbezahlten Schuhwerks und die so entstandene Schuld datierten »seit Anno elf, wie der Deiwel e klahner Bub wor.« Dieser gemütliche Satanismus der Redensarten domestiziert das Teuflische zu burlesker Komik. Die Sprichwörter Europas – insbesondere die sogenannten »Wellerismen« (nach Mr. Pickwicks Diener Sam Weller benannte Beispielproverbia vom Typus »Dies sagte X, als er jenes tat«) – unterhalten ein zutrauliches Verhältnis zum Teufel. »Jetzt kommt Schwung in die Theologie, sagte der Teufel, da warf er die Bibel über den Zaun« (Norddeutschland). Aus England: »Neat but not gaudy, said the devil, when he painted his tail red.« (Etwa: »Flott und doch nicht aufdringlich, sagte der Teufel, als er seinen Schwanz rot anstrich.«)

*

Hell is a city much like London –
    A populous and a smoky city;
There are all sorts of people undone,
And there is little or no fun done;
    Small justice shown, and still less pity.

SHELLEY, Peter Bell the Third

Bâton des exilés, lampe des inventeurs,
Confesseur des pendus et des conspirateurs,
O Satan, prends pitié de ma longue misère!

BAUDELAIRE, Les litanies de Satan

Trotzdem, die Hölle ist am Ende doch trist, vor allem, weil sie dem uns bekannten Leben plötzlich ganz und gar zu gleichen scheint. Die vollkommenste Formulierung dieser Vertrautheit ist Shelleys Zeile (die Brecht so fasziniert hat): »Hell is a city much like London«. Auch der Teufel wird immer schäbiger. Lange Zeit – in der Romantik – war Satan der große Retter: Man rief ihn an, daß er sich erbarmen möge, und die Dichter beschrieben seinen düsteren Glanz, seine ruhmreiche Rebellion, seine Melancholie. Diese revolutionäre Linie des Satanismus hat der große Sentimentalist unter den Historikern radikal in die Vergangenheit verlängert: Der Teufel war die einzige Hoffnung und der einzige Befreier zumal der unterdrückten und gepeinigten Frauen des Mittelalters: Michelet, *La Sorcière*. Es bestand der Verdacht eines grandiosen kosmischen Justizirrtums: »Eine Apologie des Teufels – man muß bedenken, daß wir nur das Plädoyer der einen Seite gehört haben. Alle die Bücher hat Gott geschrieben.« (Samuel Butler) Dieser Gedanke – daß der Teufel nicht nur möglicherweise weniger »böse« ist als angenommen, sondern daß ihm ein großes Unrecht geschehen sein könnte – ist ein Topos der romantischen Dichtung: Satan als vom Vatergott geknechteter Rebell.

Dies war der helle Glanz des Luzifer – *lucifer*, der Lichtbringer, der Morgenstern. »Er, der erste Träumer, das älteste Opfer« (Leconte de Lisle, »La tristesse du Diable«), könnte den Menschen vielleicht erlösen – meinten die Träumer, dachten die Opfer. Aber wie so viele Figuren des Aufbegehrens sinkt der revolutionäre Satan rasch ins Dekorative ab: Er wird zu einer melodramatischen Charge und schließlich zum Dandy und auf diesem Wege zu einer peinlich-zwielichtigen Figur, deren unbezweifelbare Macht nicht über ihre fatale Geschmacklosigkeit hinwegtäuschen kann. Die Epiphanie dieser Verkörperung des Satanischen ist Max Beerbohms großartige Geschichte »Enoch Soames« (erst 1919 in dem Band *Seven Men* erschienen, aber eine sardonische Vergegenwärtigung der Jugend des

Autors in den neunziger Jahren des neunzehnten Jahrhunderts, der Ära des Café Royal, des *Yellow Book* und des Oscar-Wilde-Ästhetizismus).

Auch hier fällt abrupt der Satz: »Ich bin der Teufel.« Er wird ausgesprochen angesichts einer rasenden Begierde. Die Titelfigur Enoch Soames ist ein grandios erfolgloser, fast anonymer, lächerlich unauffälliger Lyriker der Décadence, der den brennenden Wunsch hat, selbst erleben zu dürfen, wie ihn in hundert Jahren der gigantische Ruhm der Zukunft – dessen er sich gewiß ist – eingeholt haben wird. Was gäbe er darum, in einem Jahrhundert im Lesesaal des Britischen Museums an den Katalog gehen zu können und die Seiten um Seiten von Einträgen unter seinem Namen vor sich zu sehen – »endlose Ausgaben, Kommentare, Prolegomena, Biographien«! Als Soames in dem kleinen, zur Mittagszeit noch fast leeren Restaurant in Soho, das sich *Restaurant du Vingtième Siècle* nennt, diesen Wunsch in Gegenwart des ihm flüchtig bekannten und zufällig hier begegneten Beerbohm hervorgestoßen hat, gesellt sich abrupt der einzige andere Gast – »ein hochgewachsener, auffällig gekleideter, irgendwie mephistophelischer Mann« – zu den beiden.

»›Wenn auch kein Engländer‹, erklärte er, ›kenne ich doch mein London sehr gut, Mr. Soames. Ihr Name, Ihr Ruhm – Mr. Beerbohms ebenso – mir gut bekannt. Sie dagegen fragen sich: Wer bin *ich*?‹ Er schaute rasch über die Schulter und sagte, die Stimme senkend: ›Ich bin der Teufel.‹

Ich konnte mir nicht helfen – ich mußte lachen. Ich mühte mich, es nicht zu tun, ich wußte, es gab da nichts zu lachen, meine Unhöflichkeit beschämte mich, aber – ich lachte lauter und lauter. Die ruhige Würde des Teufels, die angewiderte Überraschung, die sich in seinen hochgezogenen Augenbrauen ausdrückte – sie lösten mich noch mehr auf. Ich schwankte hin und her, ich lehnte mich mit schmerzendem Körper schlaff zurück. Ich benahm mich kläglich.

›Ich bin ein Gentleman, und‹ – er sagte es mit größter Betonung – ›ich dachte, mich ebenfalls unter *Gentlemen* zu befinden.‹

›Nicht doch!‹ keuchte ich schwach. ›O nicht doch!‹ [...] Ich hatte wieder eben genug Atem, um meine Bitte um Entschuldigung vorzubringen. Er gewährte sie mir, aber mit aller Kälte, und wandte sich wieder an Soames.«

Der Teufel, der sich in dem kleinen Restaurant in Soho plötzlich zu den beiden Schriftstellern an den Tisch gesetzt hat, betont, er sei ein Gentleman, und er erwähnt dies wie eine bekannte Tatsache. Dieses Recht hat er auch, denn eines der berühmtesten Zitate der englischen Literatur lautet: »The prince of darkness is a gentleman.« Das spricht oder schreit oder flüstert Edgar, dessen gespielte Verrücktheit dem realen Wahnsinn von König Lear auf der öden Heide nachts im Gewitter begegnet, und er fährt fort: »Modo he's called, and Mahu.« (*King Lear* III, iv) Diese kruden Namen stammen, wie die Shakespeare-Philologie herausgefunden hat, aus einer langen Liste von Teufelsnamen in Samuel Harsnetts antikatholischem Traktat *A Declaration of Egregious Popish Impostures* (1603), wo sie die Torheit der katholischen Dämonenfurcht illustrieren sollen. Es sind emphatisch keine Bezeichnungen, die man bei einem Gentleman vermuten würde, und das schroffe Aneinanderrücken der beiden Sätze durch Edgar demonstriert nicht nur das »Verrückte«, mit dem er sich tarnen muß – es bezeichnet auch den unauflösbaren Widerspruch dieses Satanischen: »höflicher« Glanz und Barbarei. Tout comme chez nous: Wie wir aus den Thrillern wissen, erscheint der Chef der Gangsterfirma gerne gelassen, gebildet und gutmütig, ja gütig. Er hat Untergebene, die foltern und morden, doch er selbst mag davon nichts wissen; er unterbricht die dienstfertigen Henkersknechte, wenn sie eifrig erzählen wollen, was sie herausgefunden haben und was sie als nächstes anstellen werden: Das interessiert mich nicht. Ihn beschäftigt nur das Ergebnis.

Der Enoch Soames umgarnende Gentleman bietet diesem die Erfüllung seines Wunsches an; er wird ihn in die Zukunft versetzen und ihn am Abend dann wieder hier im Restaurant treffen – und »mitnehmen, Mr. Soames, auf meinem Weg nach Hause.« Soames willigt ein – und verschwindet auf eine Handbewegung des Teufels hin ins Unsichtbare. Beerbohm läuft ratlos durch London und betritt am Abend erneut das Restaurant. Zur festgelegten Stunde erscheint Soames wieder in der Gegenwart. Beerbohm beschwört den Zurückgekehrten, nicht gehorsam auf den Teufel zu warten, sondern zu fliehen. Er verweist vor allem auf das *Ordinäre* des Teufels. »Er ist durch und durch vulgär, er ist ein Stenz, er ist der Typ, der in den Korridoren der Züge herumhängt, die an die Riviera fahren, um den Damen die Schmuckköfferchen zu klauen. Stellen Sie sich ewige Qualen vor, bei denen *der* präsidiert!« (Dies ist, beiläufig gesagt, die perfekte Formulierung des Höllischen für ein Zeitalter, das nichts mehr moralisch, alles aber ästhetisch betrachtet.) Was ist aus dieser Perspektive das Schlimmste, was der Teufel einem (der sich ihm nicht verschrieben hat) antun kann? Der Schluß von Beerbohms Geschichte gibt die Antwort:

»Ihn habe ich seither mehrfach gesehen, da und dort, seit jenem Tag im Vingtième. Nur einmal aber sah ich ihn aus der Nähe. Das war in Paris. Ich ging eines Nachmittags die Rue d'Antin entlang, als ich ihn mir entgegenkommen sah – wie eh und je aufdringlich gut gekleidet, ein Ebenholzstöckchen schwenkend und ganz allgemein ein Gebaren an den Tag legend, als gehöre ihm der ganze Bürgersteig. Bei dem Gedanken an Enoch Soames und die Myriaden anderer Gepeinigter, die auf ewig im Reich dieser Bestie litten, erfüllte mich ein großer kalter Zorn, und ich richtete mich zu meiner ganzen Größe auf. Aber – nun ja, man ist es derart gewohnt, auf der Straße jedem lächelnd zuzunicken, den man kennt, daß der Vorgang fast unabhängig vom eigenen Willen ist; um das zu verhindern, bedarf es einer ausgeprägten Anstrengung und großer Geistesgegenwart. Ich war mir elenderweise bewußt, daß ich im Vorübergehen dem Teufel lächelnd zunickte. Und meine Scham brannte um so tiefer, als er mich seinerseits mit größter Arroganz ausdruckslos anstarrte.

Geschnitten zu werden – absichtlich geschnitten zu werden – von *ihm*! Ich war (ich bin noch immer) wahrhaft wütend, daß mir das passiert ist.«

*

> Der Herr aber sprach zu dem Satan: Wo kommst du her? Der Satan antwortete dem Herrn und sprach: Ich habe das Land umher durchzogen. Der Herr sprach zum Satan: Hast du nicht achtgehabt auf meinen Knecht Hiob?
>
> Das Buch Hiob 1, 7–8

Der Satan mag oft eine Figur des Umsturzes und des Aufbegehrens gewesen sein, seine Figurationen im Laufe der Jahrhunderte zeigen in verblüffender Weise, wie sehr jede revolutionäre Instanz davon bedroht ist, in einer geschäftigen Bürokratie unterzugehen. Bereits die Versammlung der gefallenen Engel nach ihrem Sturz bei Milton, das Pandämonium, zeigt eine erstaunliche Ausdifferenzierung der nun in der Unterwelt angelangten Geister nach ihren Zuständigkeiten. Dieses bürokratisierte Dämonenwesen – von Beelzebub, dem Herrn der Fliegen, der laut Collin de Plancy der einzige ist, der sich Satan zu widersetzen wagt, bis hin zu den Scharen subalterner Teufelchen, die routinemäßige Verführungsaufträge abzuarbeiten haben – spiegelt lange Zeit pervers die Hierarchien der Engelschöre und die Kompetenzkasuistik der Schutzheiligen. Zauberbücher klären den Verwegenen, der die bösen Geister anzurufen wünscht, über ihre jeweiligen administrativen Zuständigkeiten auf; noch der gigantische doppelbödige Schwindel des sogenannten Dr. Taxil (der um 1880–90 die französischen Klerikalen zuerst durch komplizierte Schilderungen der satanistischen Intrigen der Freimaurerei ergötzte und dann durch die Enthüllung der Farce desavouierte) führt ein bizarres Repertoire von Ressorts der Dämonenwelt vor. Derartige Zuordnungen haben übrigens bei einem guten Erzähler etwas vertrackt Plausibles (wenn etwa Jean Ray den »Donnerstagsdämon« zitiert); dies hängt mit unserer Erfahrung von Alltagsunglück zusammen, dessen diffuse Tücke man sich nicht ungern in Gestalt von besonderen Kobolden und Gespenstern vorstellte, welche spezielle Tage, Orte, Verrichtungen unter sich haben und uns verleiden.

Bürokratisch ist im übrigen *par excellence* einer der bekanntesten und im *Faust* Goethes in einer kanonischen Szene vorgeführten Züge des Teufels: seine Sehnsucht nach einer bindenden Schriftlichkeit. Ein Kaufvertrag muß geschlossen werden – über die Seele (oder den Schatten, wie bei Peter Schlemihl, oder – wie in jenem Höhepunkt viktorianischer Kolportage, Sir Walter Besants und James Rices Erzählung »The Case of Mr. Lucraft« – den Appetit eines jungen Mannes). Wer sich dem Teufel anheimgibt, muß unterschreiben. Mephistos fast lasziver Satz: »Blut ist ein ganz besonderer Saft« lenkt davon ab, daß das eigentliche Gewicht seiner Transaktion mit Faust im Vertragsformular liegt und das eigentlich Bindende der Schriftzug ist – der mit konventionellen Schreibmaterialien auf »Erz, Marmor, Pergament, Papier« natürlich ebenso sinistere Kraft hätte wie mit dem pittoresk magischen Schreib-Blut. Wenn vieles am Teufel – nicht zuletzt seine Großmutter – uralt ist und an sehr ferne heidnische Zeiten gemahnt, so ist dieses Detail seines Vertragsfetischismus nachantik; es spiegelt eine Kultur, welche die Schrift privilegiert.

Die komfortabel in sich geschlossene, klassische Gespenstergeschichte bewahrt Erinnerungen an jene Zeiten auf, da man den

Teufel anrief, wenn man Macht begehrte. Eine Beschwörung aus einem Text des Meisters der Form, Montague Rhodes James – »Count Magnus« in den *Ghost Stories of an Antiquary*, 1904 –, verdeutlicht dies. Jener kurze lateinische Abschnitt, auf den Mr. Wraxall, ein ahnungsloser Dilettant, bei seinen kulturgeschichtlichen Forschungen in der schwedischen Provinz stößt (und der die Ouvertüre seines schrecklichen Untergangs ist), lautet: »Wenn ein Mann begehrt, lange zu leben, wenn er einen getreuen Boten erlangen und das Blut seiner Feinde sehen möchte, so ist es notwendig, daß er zuerst in die Stadt Chorazin gehe, und dort grüße er den Fürsten …« – hier bricht der Text mit einem Verweis auf die »vertraulicheren Aufzeichnungen« ab, und das letzte, unvollkommen gelöschte Wort lautet anscheinend *aeris*, »der Luft«. Chorazin ist eine der Städte, die Jesus verflucht hat (Matth. 11, 21; Luk. 10, 13); der Fürst der Luft ist ein alter Titel des Satans, ebenfalls eine biblische Reminiszenz – der Teufel ist der Fürst, »der in der Lufft herrschet«, wie Luther übersetzt (Eph. 2, 2). Wie der »getreue Bote« aussieht, den der Satan dem leiht, der ihn in Chorazin grüßt, das wird Mr. Wraxall erfahren. Dem – agnostischen – Autor gelingt hier die Schilderung von etwas tief Unheimlichem, weil sich in seiner Geschichte eine libidinöse Grausamkeit inkarniert. Der Teufel ist der, der uns beisteht: sei es auch nur unserer Bosheit. Er ist nicht wählerisch. Bei Beerbohm antwortet er einem unschuldigen Wunsch (insoweit verzehrende Eitelkeit unschuldig sein kann); hier verzichtet er übrigens auf einen Vertrag. Soames überantwortet sich dem Teufel durch ein lakonisches: »Also gut.« Doch auch er hat sich in der Logik seiner Wünsche getäuscht: Er findet in der ein Jahrhundert entfernten Zukunft genau dieselbe Anzahl von Einträgen im Bibliothekskatalog vor wie in seiner Gegenwart: drei (die Zahl seiner unbeachteten eigenen Veröffentlichungen).

*

…und auf dem Bildschirm sind diese beiden Typen, Priester, Prediger, was weiß ich, vierzig oder fünfundvierzig Jahre, Manageranzüge und Krawatten, rosagetönte Sonnenbrillen, sie reden über Platten von Led Zeppelin, sie sagen, wenn man die rückwärts abspielt, »dann enthalten sie erschreckende Passagen über den Teufel«. Einer steht auf und zerbricht die Platte, bricht sie entzwei, und sagt: »Und glauben Sie mir, als gottesfürchtige Christen werden wir das nicht zulassen!« Der Mann fängt dann an, davon zu reden, daß es ihm Sorgen macht, wie hier die jungen Menschen beschädigt werden könnten. »Und die jungen Menschen sind die Zukunft dieses Landes«, schreit er, und dann bricht er wieder eine Platte entzwei.

BRET EASTON ELLIS, *Less Than Zero*

Der Teufel ist ein Optimist, wenn er glaubt, daß er die Menschen schlechter machen kann.

KARL KRAUS

Seltsam, daß eine so intelligente Institution wie die katholische Kirche angesichts des Begriffsinstituts der Erbsünde immer noch auf der Existenz eines separaten, von »außen« den Menschen verlockenden Versuchers besteht, als vermöchte das boshafte Menschenherz nicht alles selbst. Wie früher die Pflastermaler in London ein Pappschild neben ihre Produktionen stellten, auf dem stand: »ALL MY OWN WORK«, so könnte der Mensch mit Stolz oder Scham darauf verweisen, daß alles, was er an Unheil anrichtet mit sich und anderen, ganz aus Eigenem geschieht – die Einflüsterungen des Dämons sind überflüssig, und ebenso der gesamte laszive und ekelerregende Apparat von Kurtisanen und Monstrositäten, den die Versuchung für jeden, nicht nur für den Heiligen Antonius, bereithält: Wir haben uns schon lange eingestehen müssen, daß wir all diese Kulissen des Wunsches selbst produzieren. Und wenn es den Teufel gäbe, könnte er sich präziser als wir selbst all das ausdenken, was wir wollen? Am Ende hat er trotz aller Macht nicht das Maß der menschlichen Bosheit.

Eine hübsche Sage, aufgezeichnet Mitte des neunzehnten Jahrhunderts, berichtet, wie ein Advokat aus Darmstadt auf dem Gang durch den Wald einem merkwürdigen Mann in Odenwälder Tracht begegnet, der sich ihm anschließt und an dessen unförmigen Füßen er alsbald den Teufel erkennt, obwohl dieser »ein Gesicht wie andere Leute auch« hat. Er überwindet seine Furcht, spricht den Teufel – der sich auch gleich offenbart – geradeheraus an und kommt in ein angeregtes Gespräch mit seinem Begleiter. Und wie sie zusammen weiterwandern durch ein Dorf nach dem anderen, hört man im Zorn hier einen Metzger zu seinem Schwein, dort eine Mutter zu ihrem Kind sagen: Der Teufel soll dich holen! Und jedesmal macht der Jurist – wieder das Motiv des (hier unbewußt eingegangenen) Vertrages – den Teufel darauf aufmerksam, daß ihm da etwas anheimfiele, das er sich nur noch zu nehmen bräuchte. Der Teufel aber wehrt immer diskret ab, das sei so schlimm nicht gemeint gewesen. Der Advokat lacht ihn schließlich aus wegen seiner Skrupulosität, und als sie sein Ziel erreichen, einen Ort, wo einer armen Familie der Besitz gepfändet werden soll, da sagt er dem Teufel, nun solle er einmal sehen, wie's gemacht wird. Und er ruft den sich flehend auf die Knie Werfenden zu: »Fort ihr Canaillen, alles wird verkauft.« Da wünscht ihn der Schuldner in seinem ohnmächtigen Zorn nun auch zum Teufel. »Da lachte der Teufel laut auf und sprach: ›Siehst du, Kamerad, das ist von Herzen so gemeint‹, faßte den Advokaten und riß ihn durch die Luft mit sich fort, und man hat nie wieder eine Spur von ihm gesehen. Die Darmstädter Advokaten haben sich alle mögliche Mühe gegeben, diese Geschichte zu vertuschen und geheim zu halten, es hat jedoch nichts geholfen.« (Johann Wilhelm Wolf, *Hessische Sagen*, Göttingen 1853)

*

Das Leben ist kurz und langweilig; man verbringt es ganz und gar mit Begehren.
LA BRUYÈRE

Ein Zug mit verlöschten Lichtern donnerte heran. Winzige rote Punkte wie Korallenschnüre flogen ihm zu beiden Seiten nach: die türkischen Mützen bosnischer Soldaten, die aus den Wagenfenstern schauten.

»Das ist der Mann, der die Wünsche erfüllt! Ich erkenne ihn. Er kommt auf mich zu!« rief der kaiserliche Leibarzt laut in die Luft hinein und starrte die Lokomotive an. »Ich danke dir, mein Gott, daß du ihn mir geschickt hast!«

– –

In der nächsten Minute hatte ihn die Maschine erfaßt und zermalmt.
GUSTAV MEYRINK, *Walpurgisnacht*

Weshalb kann der Satan uns etwas anhaben? *Soviel* anhaben? Weil er eine ingeniöse Fertigkeit besitzt, unsere Wünsche zu erraten. Er gibt uns nichts ein, er liest uns alles ab. Vielleicht wäre es nach dem Versinken einer Theologie, welche die Sünden zu kodifizieren wußte, das Angemessenste, den Teufel als einen Experten der Wunschmechanik zu definieren, einen übernatürlichen Handlungsreisenden in Sachen Begehren: eifrig bemüht um uns, mit den kapriziösen Grimassen des Warencharmeurs, manchmal seltsam kindisch-gutmütig, *au fond* sinister bei aller Schäbigkeit. Tatsächlich scheinen, wenn man sich über all seine vielfältigen literarischen Verkörperungen beugt, unsere unerfüllten Wünsche sein eigentliches Studiengebiet zu sein. Ob er dem Kalifen Vathek »die Schätze der präadamitischen Sultane« offeriert oder in seiner Schwarzwald-Gestalt dem Kohlenmunkpeter ein kaltes Herz anbietet – immer will er mit uns einen Vertrag über unsere Wünsche schließen.

Und wir wissen – wie sich gezeigt hat – ja nicht einmal, wie wir diese Wünsche zu formulieren hätten, damit sie nicht in den Vertragsbedingungen des Teufels untergehen. (Volksutopisch wird übrigens die Neigung des Teufels, alle seine Operationen vertragsförmig zu konzipieren, ihm selbst zuweilen zum komischen Verhängnis: So kann er im Märchen gelegentlich deshalb überlistet werden, weil er den Vertragstext nicht hinreichend ausformuliert oder bedacht hat.) Der Vertrag zwingt uns, unseren diffusen Wünschen eine der Anstrengung des Begriffs unterworfene Gestalt zu geben; vielleicht sind wir allein damit eigentlich bereits gescheitert wie jener Erwin. Ist der Teufel so etwas wie die Verkörperung unserer Ungeschicklichkeit beim Wünschen? Das ist wohl wahr, aber graben wir noch eine Schicht tiefer, dann könnte der Teufel die Signatur unseres innerlichen Verharrens in jenen alten Zeiten sein, »als das Wünschen noch geholfen hat«: unseres blinden Vertrauens in die Kompaßnadel und die Energie des Wunsches.

Wer ist der Teufel? Der Teufel, the devil, le diable, il diavolo – sie kommen alle vom griechischen *diabolos*. Das ist der »Widersacher«, wie man bei uns im Neuen Testament übersetzt, aber eigentlich der Verleumder. Ein Spezialist im Gesinde Gottes, der die Menschen skeptisch anschwärzt – wie in Goethes Prolog im Himmel, jenem Echo des Buches Hiob, wo der Teufel keck und wie ebenbürtig mit dem Alten redet. Immerhin redet er ihn mit »Ihr« an, während der Herrgott den Teufel duzt; der Satan besitzt aber soviel Statur, daß er die berühmte Wette mit Gott eingehen kann, was eine gewisse Gleichgestelltheit voraussetzt; der Herr wettet nicht mit einem Knecht (als ein solcher wird vielmehr Faust stolz von Gott bezeichnet). Gott gibt dem Satan die Freiheit, seine Verleumdungen zu beweisen. So kommt er daher zu uns als Verwirrer und Versucher, eine Figur zwischen maliziösem Gentleman und vulgärem Bürokraten. Aber was ist denn das Verleumderische am Satanas? Was erzählt er denn von uns, das nicht stimmte? Das Äußerste, was ihm vorzuwerfen wäre, ist der Umstand, daß er geschickt in uns etwas zum Vorschein bringt, das für gewöhnlich nicht sichtbar ist. Der große Theologe Neuenglands, Cotton Mather, dessen Schrift *Wunder der Unsichtbaren Welt* (zu welchen der Teufel gezählt werden darf) den dogmatischen Hintergrund für die Hexenprozesse von Salem abgibt, schreibt: »Der Teufel hat uns gemacht wie das aufgewühlte Meer, und es beginnen nun auch der tiefe Schlamm und Dreck heraufzukochen ... Wäre es nicht dessenthalben, was IN UNS ist, ich wollte für mein Teil nicht tausend Legionen Teufel fürchten ...«

In seinen Bemerkungen zur Topik der phantastischen Literatur kommt Adolfo Bioy Casares auf die Zeitreise zu sprechen; H. G. Wells muß in seinem berühmten Roman eine (technisch nicht erläuterbare, aber narrativ kompliziert vorgestellte) »Time Machine« konstruieren, um den Protagonisten in die Zukunft zu versetzen. Bei Beerbohm, in der oben angeführten Geschichte, besorgt dies der Teufel – »der«, so schreibt Bioy Casares, »keiner Erklärung bedarf«. So ist es. Mit dieser beiläufigen Bemerkung wird überhaupt das Wesen des Teufels berührt: Er scheint ungeheuerlich und ist doch die Verkörperung des Selbstverständlichsten. Denn er personifiziert ein Kontinuum der Möglichkeiten des Wunsches, gemütlich wie die Küche von des Teufels Großmutter und einen Schritt weiter infernalisch.

In der deutschen Übersetzung heißt Nabokovs zu Beginn zitierte Geschichte »A Nursery Tale« nun »Ein Märchen«. Das ist lexikalisch einigermaßen korrekt, besser wäre aber vielleicht doch: »Eine Fibelgeschichte«. Teufelsphantasien haben weniger Anteil am Märchenhaften als daß sie eine der letzten Inkarnationen eines untergegangenen Genres sind: der lehrhaften Dichtung. In diese Lehre können wir uns einüben, wenn wir den Satz vor uns hin sagen: Tatsächlich bin ich der Teufel. Es dient dies unserem Selbstverständnis. Lernen wir von den Dämonen, welche – schrieb Swedenborg – die Neigungen »wittern und aufspüren, wie die Hunde in den Wäldern das Wild.«

Ein versöhnliches Schlußbildchen: Als kleine Hoffnung bliebe uns, daß am Ende, wenn wir dann den Fahrstuhl abwärts nehmen müssen wie in der schönen Hollywoodkomödie *Heaven Can Wait* (Ernst Lubitsch, 1943, mit Don Ameche), ein dem soigniert-stattlichen Laird Cregar gleichender, nicht lediglich urbaner, sondern genuin freundlicher Teufel vor uns steht, der kraft seiner uralten Erfahrungen mit dem Menschengeschlecht voller Verständnis für unsere Fähigkeit zur Selbstverführung ist und uns, haben wir ihm die konfuse Lebensgeschichte erzählt, mit einem lächelnden Kopfschütteln die Aufnahme in die Hölle verweigert und uns in die oberen Stockwerke schickt.

Ach, wenn es keinen Ausweg gäbe!

Europa und das Kismet

> Ich habe oft aufgeweckte junge Leute, die ein wenig den Freigeist spielen wollten, sagen hören, es nütze nichts, die Tugend zu predigen, das Laster zu verurteilen, Hoffnung auf Belohnung und Furcht vor Bestrafung zu wecken, da man vom Buch des Schicksals sagen könne: Was dort geschrieben steht, steht geschrieben, und unser Verhalten vermag nichts daran zu ändern.
>
> LEIBNIZ, Vorrede zur *Theodizee*

Wie verhalten wir uns gegenüber den glücklichen und (wohl zahlreicheren) unglücklichen Überraschungen des Lebens? Das Christentum lehrt uns Gottergebenheit, die Stoiker haben versucht, uns die Ataraxia beizubringen, den Gleichmut gegenüber guten wie schlimmen Wechselfällen des Lebens. Der gesunde Menschenverstand prägt uns jene Erfahrungsweisheit ein, die in der amerikanischen Volksmundregel formuliert ist: »Life is just one damned thing after another.« Und zahllose Komödien und Tragödien haben uns vorgeführt, daß plötzliche Peripetien, Momente, in welchen das Vertraute um hundertachtzig Grad herumgeschwenkt wird, etwas zumindest ästhetisch Befriedigendes haben können. (Befriedigend für den jeweils anderen. La Rochefoucauld spricht es offen aus: »Es ist am Unglück noch unserer besten Freunde etwas, das uns nicht völlig mißfällt.«)

Bei den Bemühungen, solchen Unwägbarkeiten gegenüber so etwas wie eine Haltung zu gewinnen, ist es (wie stets) wichtig, einen Kontrast zu entdecken, ein *Anderes*. Da man eben für alles ein Gegenmodell braucht, das der Abgrenzung dient, hat sich Europa schon vor langer Zeit eine Idee davon geformt, wie der Orient sich dem Fatum gegenüber verhält. Zwei Sprachgesten sind hier zuständig, die vor allem in älterer Abenteuerliteratur gerne als Chiffren für fremde Welten auftauchen, Welten, welche unter einem Bann, einer Lähmung zu liegen scheinen: »Kismet« lautet die eine (die einen pseudophilosophischen Hintergrund hat), die andere (Rußland ist hier eine Art Vorzimmer des Orients) heißt salopper und irgendwie noch endgültiger: »Nitschewo«.

Bei solchen – mit resigniert ausgebreiteten Armen zu sprechenden – Äußerungen empfinden wir eine leise, eher gutmütige, Verachtung. Aber ist das alles? Ist diese Verächtlichkeit nicht eher anerzogen, schiene uns die Resignation nicht manchmal eine sehr attraktive Möglichkeit? Ja, gibt es nicht Situationen, in denen sich der klarste Verstand sagen müßte: Hier nicht zu resignieren hieße, sich Allmachtsphantasien hingeben? Wie so häufig ist jenes Andere vielleicht nichts als die elaborierte Umrißzeichnung unseres geheimen Wunsches. Wir versagen es uns zwar, in die offenen Arme dieses Fatalismus zu sinken, aber wir empfinden seine starke Verlockung (der wir mit eingeübter Verachtung zu antworten versuchen). Daß wir das tun, hängt aufs engste mit dem Fortschrittsgedanken zusammen. Die Schicksale des Fortschritts andererseits sollten uns veranlassen, der Frage nachzugehen, ob nicht auch das sogenannte Kismet seine Dialektik hat. Es ist klar, daß es sich dabei nicht um so etwas wie eine Studie realer Zustände handelt – nicht orientalische Schicksalsergebenheit, sondern die europäischen Phantasien von einer angeblichen solchen sind Gegenstand der folgenden Notizen: unser Phantasma vom Kismet, das vielleicht eine unbewußte Sehnsucht befriedigen soll.

Es gibt so vieles, was uns den Satz »Da kann man nichts machen« aufnötigen möchte, daß angesichts unserer realen Ohnmacht der Schritt zu einer Weltsicht nicht ganz fernläge, welche schlechthin alles als schon vorab entschieden betrachtet. Das ist keine durchaus morgenländische Idee: dem »Insch'allah« (wie Gott will – also meistens anders) entspricht ein abendländisches »Es hat nicht sollen sein« oder »So mußte es kommen«. Das sind zwei bewußtlose Phrasen; einmal waren es ernste Gedanken. In profund komischer Form taucht die Unabänderlichkeit des Schicksals am Beginn des vielleicht größten Romans der europäischen Aufklärung auf: in Diderots *Jacques le Fataliste et son maître*. Um noch einmal diesen großartigsten aller großartigen Anfänge zu zitieren: »Wie waren sie einander begegnet? – Durch Zufall, wie alle Welt. – Wie hießen sie? – Was kümmert Euch das? – Woher kamen sie? – Vom nächstgelegenen Ort. – Wo gingen sie hin? – Weiß man denn, wohin man geht? – Was sagten sie? – Der Herr sagte nichts, und Jacques sagte, sein Hauptmann habe gesagt, daß alles, was uns hienieden an Gutem und Argem zustößt, droben geschrieben stünde.

> DER HERR Das ist ein großes Wort.
> JACQUES Mein Hauptmann hat auch noch gesagt, daß jede Kugel, die aus einem Flintenrohr geht, ihr Ziel schon kennt.
> DER HERR Und er hatte recht.«

Es steht droben geschrieben … Einige Seiten später vollzieht Jacques die erste praktische Demonstration seines Lehrsatzes nach einem kleinen Landstraßenunfall: »Tröstet Euch, meine Gute, es war nicht Eure Schuld noch die des Herrn Doktor noch die meine noch die meines Herrn; es ist an dem, daß droben geschrieben stand, daß heute auf dieser Straße und zu dieser Stunde der Herr Doktor ein Schwätzer sein sollte, mein Herr und ich ihn barsch anlassen sollten, daß Ihr Euch den Kopf prellen solltet und daß man Euren Hintern sehen sollte.« Diese Detailliertheit ist nur logisch, denn schließlich steht »alles« geschrieben, und die Einzelheiten der Welt sind unauflöslich ineinander verhakt.

Daß es »droben geschrieben« steht, führt auf die interessante Vorstellung des Lebens als eines bereits niedergelegten Textes. Weit noch über die Drohung des Jüngsten Gerichts hinaus, daß einst alles in einem Buch festgehalten sein wird, was wir je getan haben (»liber scriptus proferetur / in quo totum continetur«), verwirrt oder beruhigt uns nun mit einem Mal die Vorstellung, in einem solchen unvorstellbaren Buch stünde bereits lange – unvordenklich lange – *vor* unserer Tat alles verzeichnet, was wir je anrichten werden. Die augustinische Lehre von der Prädestination hat eine scharfe Ausprägung in der calvinistischen Theologie gefunden – ist in der Tat nach Max Weber deren »am meisten charakteristisches Moment«. Es soll dem Menschen unmöglich sein, die von Anbeginn und Ewigkeit an verhängte Unterscheidung zwischen Böcken und Schafen zu korrigieren. James Hogg hat in seinem erstaunlichen Roman *The Private Memoirs and Confessions of a Justified Sinner* (1824) vorgeführt, wie ein Mann, der glaubt, von Anbeginn an »gerechtfertigt« zu sein, die Konsequenz zieht, daß kein mörderischer Exzeß ihn aus der Gnade Gottes fallen lassen kann. Das Abendland neigt eben dazu, seine Ideen vom unabwendbaren Schicksal zu dramatisieren. Dem Orient scheint hingegen – so, wie wir uns dies vorstellen – das Kismet vor allem Gelassenheit zu bedeuten.

*

»Ach, Orientalen … dolle Gesellschaft …«
FONTANE, *Der Stechlin*

Die Südländer sind 'n jutes, awa 'n schlappes Volk.
GUSTAV MEYRINK, Das Buch Hiopp, oder, wie das Buch Hiob ausgefallen wäre, wenn es Pastor Frenssen und nicht Luther übersetzt hätte *(Des deutschen Spießers Wunderhorn)*

Der Ausdruck »Kismet« – als arabisches Wort für Anteil, Los ins Türkische eingegangen – hat in der islamischen Diskussion oder Lebenspraxis keine Bedeutung, die im entferntesten unserem Sprachgebrauch entspräche, und er findet sich auch nicht im Koran. Dagegen hat er sich während des neunzehnten Jahrhunderts im europäischen Sprachraum eingebürgert zur Bezeichnung einer Schicksalsgläubigkeit, die der arabischen Welt oder dem Islam ein für alle Mal zugeschrieben wird. Schon Leibniz spricht anläßlich der »falsch verstandenen Vorstellung von der Notwendigkeit« von einem »mahometanischen Schicksal«, einem »fatum mahumetanum« – »le destin à la Turque, parce qu'on impute aux Turcs de ne pas éviter les dangers et de ne pas même quitter les lieux infectés de la peste« (Vorrede zur *Theodizee).* Wütet die Pest in der Stadt, verläßt man sie trotzdem nicht und murmelt dabei gewiß: Kismet. Der vorsichtige Einschub Leibniz', daß man den Türken dieses Verhalten »nachsage«, geht rasch unter, es wird daraus etwas als Tatsache Vorausgesetztes, und die Begriffe »Türkenschicksal« beziehungsweise »Türkenfatalismus« bezeichnen dann bis Schopenhauer und Nietzsche die Haltung schicksalsergebener Passivität. Aufs Grauenhafteste wird dieser Bezug schließlich hergestellt durch eine Redensart, die in den Todeslagern des Nationalsozialismus aufkam: Die Häftlinge selbst nannten jene, deren Lebenskraft bei der »Vernichtung durch Arbeit« schon fast erloschen war und die willenlos nur noch wie wandelnde Tote herumtaumelten, »Muselmänner«. Das Entsetzen schuf sich am Abgrund einen Begriff, der von dem alten Mißverständnis des *fatum mahumetanum* lebt.

Präsident Bush junior hat zu Beginn seines Krieges gegen den Terrorismus mit fataler Wortwahl (man kann sich gut vorstellen, wie seine *handlers* zusammenzuckten) von einem »Kreuzzug« gesprochen, *a crusade.* Dies führt ins Zentrum der westlichen Phantasien vom Osten und peinlicherweise eben auch in jenes der östlichen Phantasien vom Westen. In einem, ich muß es als Verehrer des Autors sagen, sehr schlechten Gedicht auf die Seeschlacht von Lepanto hat Chesterton die Begriffe des Kreuzzugs und des Kismet ganz nahe zusammengerückt. Dieses lange Zeit erstaunlich populäre Poem, ein Anthologie-Prunkstück, macht aus dem Seesieg einer venezianisch-päpstlich-spanischen Koalition über die Türken 1571 die Epiphanie einer nicht durch Fatalismus gelähmten Christenheit und einen Kreuzzugstriumph: Der Anführer wider die Galeeren des Sultans, Juan de Austria, ist der Erbe von Gottfried von Bouillon: »It is he that saith not Kismet; it is he that knows not Fate; / ... it is Godfrey at the Gate!« Der europäische Sieg bei Lepanto soll der Sieg dessen sein, der *nicht* »Kismet« sagt. Wir sehen, wie sich ein konservatives Denken der vita activa widmet (amüsanterweise in Gestalt eines Autors, der gerade dort ganz bei sich ist, wo er über das Thema »On Lying in Bed« schreibt) – indem es dem Orientalen die Kismethörigkeit unterstellt.

Wie dieses Wort in unsere Vorstellungen vom Orient hineinpaßt, zeigt ein winziger Auszug aus Karl Kraus' Satire »Herbstzeitlosen oder Die Heimkehr der Sieger«, die – wir schreiben Januar 1913 – in einer Montage aus journalistischen Zitaten die triumphal (»Wie viel Fahnen bringts ihr?«) aus dem Balkankrieg in die Heimatredaktion zurückkehrenden Berichterstatter der Wiener »Neuen Freien Presse« sich selbst um Kopf und Kragen reden läßt, während sie wetteifernd ihre »Eindrücke« hersagen: »… ›Bitte, ich hab auch einen gesehen, dem is die Kugel durch und durch bei der Brust herein und beim Rücken herausgefahren.‹ ›Gesehn, gesehn! Ich hab aber mit einem, dem schon die Hand verfault war, gesprochen!‹ ›Was hat er gesagt?‹ ›Er hat sich entschuldigt, daß er keine Visitkarten bei sich hat.‹ ›Und was haben Sie zu ihm gesagt?‹ ›Ich hab zu ihm gesagt: Kismet! Kismet! Sie hätten sehn sollen, wie sich auf das hinauf sein Gesicht verklärt hat –‹ ›Das glaub ich, so etwas freut einen sterbenden Türken immer.‹« (*Fackel* 366/367, S. 47) Als in Kraus' *Letzten Tagen der Menschheit* zwei junge deutsche Handelsreisende gezeigt werden, wie sie in einer Moschee in Konstantinopel mit lärmender Dummheit herumstolpern (»Jottvoll!« – »Famose Chose!«) – eine nach einem Bericht von Else v. Kamphövener in den *Süddeutschen Monatsheften* 1915 gestaltete Episode (III, 19) –, lautet die Reaktion der naiven Flegel auf den Versuch einer Zurechtweisung durch die Zeugin: »Ach, den Kismetknöppen ist ja doch alles wurscht. Na schön, morjen! (*Sie gehen laut lachend und polternd ab*) DER IMAM (*zu der Dame*): Gräme dich nicht um jener Kinder Torheit; so sicher, wie Gott über sie lächelt, lasse es auch uns tun. DIE DAME: Sie meinen es nicht böse. DER IMAM: Gott gab dem Europäer die Wissenschaft, dem Orientalen die Majestät. Jene sind nicht das, was einer wird, der im Schatten des Höchsten wandelt.«

*

»Wär's doch in Afghanistan ebenso!«, sagte der Stammeshäuptling, »denn da gehorchen wir nur unserem eigenen Willen.« »Und aus diesem Grunde«, sagte der eingeborene Offizier und zwirbelte sich den Schnurrbart, »muß dein Amir, dem du nicht gehorchst, hierherkommen und die Befehle unseres Vizekönigs entgegennehmen.«

KIPLING, Diener Ihrer Majestät (*Das Dschungelbuch*)

Unter den vielen Gedichten und Geschichten, in denen der romantische Imperialist Rudyard Kipling das wechselseitige Verhältnis der Weißen einerseits, der Völker und Religionen Indiens und des Orients andererseits zum Thema genommen hat, finden sich in durchaus verwirrendem Wechsel Zivilisationsstolz und Kolonisatorenarroganz direkt neben den erstaunlichsten Unterminierungen weißer Überlegenheit und einer sehnsüchtigen Identifikation mit dem Osten. (Der beste Geheimagent Englands in Indien ist Strickland, weil er die unbändige Neigung besitzt, selbst als Orientale zu leben.) Zu den merkwürdigsten Beispielen gehört das Gedicht »Hadramauti«, das aus dem Epigraph einer eher banalen Geschichte in *Plain Tales from the Hills* herausgewachsen ist, aber in seiner erweiterten Form etwas völlig anderes darstellt. Es ist nicht mehr und nicht weniger als eine der ganz wenigen Imaginationen, mit denen ein europäischer Autor hellsichtig (das heißt voll distanzierender Phantasie) zu beschreiben versucht, wie abstoßend der Europäer auf den Araber wirken mag, wie sehr er ihn in Erstaunen setzen und anwidern könnte. Vor allem der exzessiven Körpersprache des Westens wegen: Der Europäer tritt ohne Umstände überall ein, beschuht und barhaupt, lärmend und alle umarmend macht er sich lächerlich – »He invites the derision of strangers – he enters all places. / Booted, bareheaded he enters. With shouts and embraces ...« Und später:

Er war der Sohn eines Affen, stets voll Unrast sich
räkelnd.
Er sprach mit dem Haupt, mit den Händen, den Füßen.
Ich ertrug es, mich ekelnd.
Was immer sein Geist ersann, ließ sein Antlitz auch
lesen,
Wie der Frosch sich im Sumpfe zeigt. Ich ertrug dieses
Wesen!

Ein solches Gedicht ist (natürlich) auch eine Phantasie des Westens vom Östlichen, aber wohl eine mit größerer Wahrheit. (Es endet damit, daß der Orientale, der dem vor Feinden fliehenden, weinenden Europäer das Leben gerettet hat, ihn in die Wüste entläßt, um ihn dort zu töten. »Under the stars he mocked me – therefore I killed him!«) Vor allem lenkt sie unser Augenmerk auf die Tatsache, daß es besonders unwürdig wirken kann, wenn man dem Gesicht die Leidenschaften des Herzens abzulesen vermag. Hier setzt so etwas wie eine Selbstkritik an der mangelnden *Haltung* des westlichen Menschen ein. Dann würde die orientalische Reglosigkeit des Äußeren keine Leidenschaftslosigkeit des Inneren bedeuten, es wäre vielmehr eine Frage der Würde, die großen und kleinen Leidenschaften verborgen zu halten. Verfolgen wir dieses Motiv bei Kipling, erkennen wir überrascht, wie sich der Imperialist im Orient zu spiegeln versucht. Nehmen wir eine kleine Episode aus *Stalky & Co* (1899), einer Sammlung von Public-School-Geschichten, in der sich stereotype Komik, Empire-Pathos und Brutalität mit Zügen von anarchischer Unangepaßtheit vermengen. Als die drei verschworenen Schulfreunde, von einem Lehrer gemaßregelt, beginnen, ihre Rache zu planen, wird an den Knaben genau jene Pose vorgeführt, die klassischerweise dem mysteriösen Orientalen à la Dr. Fu Manchu zugehört: die Undurchdringlichkeit. »Ihre Augen blitzten nicht länger, ihre Gesichter waren leer, die Hände hingen ohne eine Zuckung herab. Sie lernten auf Kosten eines Landsmanns die Lektion ihrer Rasse: alle Gefühle abzutun und zum gegebenen Zeitpunkt den Fremdling in die Falle zu locken.« Das Motiv der Schweigsamkeit und der Zurückhaltung ist konstitutiv für das Ideal des Gentleman im neunzehnten Jahrhundert und zentral für den phantasierten britischen Nationalcharakter: Man hat dem Schicksal reglos zu begegnen (Henleys berühmtes Gedicht »Invictus« prahlt: Unter den Hammerschlägen des Schicksals »my head is bloody but unbowed«). An einem solchen Punkt begegnen sich plötzlich das unbewegte Antlitz des (realen oder imaginären) Fatalismus des Orients mit der Sozialästhetik Europas. Kommt im achtzehnten Jahrhundert Lord Chesterfield in seinen epochal wirkenden Gebarensempfehlungen an seinen Sohn auf die Ernsthaftigkeit zu sprechen, sehen wir noch genau jenes praktische Mittelmaß, das Dr. Johnson gemeint haben könnte, als er verächtlich kommentierte, diese Briefe lehrten »die Moral einer Hure und die Manieren eines Tanzlehrers«. »Ein gewisses Maß äußerlichen Ernstes in Miene und Bewegung verleiht Würde, ohne daß Witz und anständige Heiterkeit ausgeschlossen wären. Ein beständiges Grinsen und eine flatterhafte Körperbewegung – *a whiffling activity of the body* – sind starke Anzeichen von Torheit.« (Nach der Kurzfassung *Lord Chesterfield's Advice to His Son*). Hier wird immer noch parliert; der Trivialliteratur des neunzehnten Jahrhunderts bleibt es vorbehalten, das Ideal des »strong, silent man« zu entwickeln. Könnte man der von Norbert Elias nachgezeichneten allmählichen Triebmodellierung in der abendländischen Neuzeit, welche Spontaneität zunehmend unterbindet, eine Studie orientalischer Würde und Schweigsamkeit entgegenstellen? Dann wäre für mehr oder weniger identische Verhaltensresultate ein völlig anderes gesellschaftliches Substrat zu finden.

*

> Der Türkenfatalismus hat den Grundfehler, daß er den Menschen und das Fatum als zwei geschiedene Dinge einander gegenüberstellt ... Du selber, armer Ängstlicher, bist die unbezwingliche Moira, welche noch über den Göttern thront ... Es hilft dir nichts, wenn dir vor dir selber graut.
>
> NIETZSCHE, *Menschliches – Allzumenschliches*

Die Willenlosigkeit, die ihr eigenes Schicksal nicht in die Hand zu nehmen weiß, hat in einem Roman des neunzehnten Jahrhunderts eine klassische Charakterisierung erfahren; ihr Ort ist Rußland, und insofern sind wir bereits wieder im imaginären Orient. Schon Österreich gilt ja dem preußischen Hochmut (gelegentlich auch der eigenen mit theatralischem Schmäh durchgeführten Selbstinszenierung) gerne als Randgebiet Asiens, und die einschlägige Formulierung des Kismet lautete sodann: »Ja da kann mer halt nix machen.« Soignierte Schlamperei und gemütvoller Pallawatsch – in Wien »beginnt der Balkan«. In Rußland aber, vermuten wir, verliert der Fatalismus alle Ironie, und die Imago von der hemmungslosen Schicksalsverfallenheit Rußlands ängstigt den Westen (denn wer so denkt, scheint durch vernünftige Erwägungen nicht zurückzuhalten). Gleichzeitig hat sich Westeuropa durch diese Phantasie gerne ermächtigt gefühlt, das große Kind Rußland an die Hand zu nehmen, das sich selbst nicht zu rühren vermöchte. Rußland als »halbasiatisches« Land (das verachtungsvolle Adjektiv ist durch Rudi Dutschkes späte Stalinismuskritik noch einmal zu kurzen, paradoxen Ehren bei der deutschen Linken gekommen), als Land der Stockung und der bürokratischen Fesselung der Produktivkräfte: So antwortete der studentische Neomarxismus mit einverständigem Augenzwinkern dem überlegenen »Ich kenne den Iwan« seiner Vätergeneration. Ist der Orient in den Phantasien Europas der Bezirk einer Schicksalsergebenheit, die mit regloser Würde sitzen bleibt, wenn das Haus in Trümmer sinkt, so ist das »halbasiatische« Rußland für diese Imagination das Land eines universellen verantwortungslosen Achselzuckens.

Ist dieses »Nitschewo« uralt, greisenhaft lakonisch, oder ist es die Torheit einer infantilen Unvernunft? Die konservativen Ideologen haben immer geschwankt, ob »der Osten«, gemessen am Westen, zu alt oder zu jung sei. In den eigenartigen Verlautbarungen des »Tat«-Kreises um Hans Zehrer und Giselher Wirsing erscheint Rußland gegen 1930 als »jung«, »halberwacht«, »chaotisch« (auch als weiblich, zukunftsträchtig, »schöpferisch«), während die Demokratien des Westens alt, »starr«, ohne Zukunft sind. Das klingt wie eine ins Positive gewendete Diagnose jener verschlafenen Starre, die in besagtem Roman aus dem Jahre 1859 abgeschildert wird: Oblomow wäre dann eine Art Pubertätskasus.

Dieser Mann, der, wenn wir Gontscharows Roman betreten, einzig als ein auf dem Diwan Liegender existiert und selbst die ferneren Zimmer seiner Wohnung nur dann kurz aufsucht, wenn sein Wohn- und Schlafraum vom Diener oberflächlich ausgefegt wird, ist von einem riesigen Stilleben staubigen Verfalls umgeben – »die Zeitung trug ein Datum vom letzten Jahr, und hätte man eine Feder in das Tintenfaß getaucht, hätte wohl eine aufgescheuchte Fliege hervorsummen können«. Oberflächlich wirkt das Zimmer behaglich, aber schon der zweite Blick entlarvt es als billig, geschmacklos, zufällig eingerichtet. Der akkumulierte Unrat dieses Raumes ist das gestaltgewordene Warten – das halb sehnsüchtig-verzweifelte, halb sich behaglich auf die andere Seite drehende Warten. Diese Gelähmtheit, das Syndrom der *oblomowschtschina*, wurde in der zeitgenössischen Diskussion als spezifisch russisches Problem abgehandelt; Dobroljubow hat versucht, den Roman als Diagnose der nationalen Malaise zur Programmschrift zu machen. Aber er bietet mehr, nämlich eine Gestaltung der sentimentalischen Unentschlossenheit, die ihren speziellen sozialen Ort transzendiert. Und diese »typisch russische« Haltung scheint Europa immer wieder als Projektionsfläche der Angst vor jeder eigenen melancholischen Unentschlossenheit gedient zu haben.

Die Unfähigkeit zum Handeln, die Ausdruck von Schwermut, Langeweile und Faulheit ist, findet um 1900 einen Widerpart in der kategorischen *Ablehnung* jeglichen Tätigseins, wie der Buddhismus sie durch theosophische Vermittlung einem okkultistisch-schopenhauerisch interessierten Abendland beigebracht hat. Hier ist man einen Schritt weiter: Man empfindet die Willenlosigkeit nicht mehr als Schmach oder Makel. Vielmehr figuriert sie als erträumtes Ziel eines Exerzitiums, das frei machen soll. Die Spuren dieses Projekts durchziehen die Literatur der Zeit: Asien verkörpert einen spirituellen Lehrmeister, der über die Scheinwelt der Wünsche, Begehrlichkeiten und Taten schon hinaus ist. Einen faszinierenden Ausdruck findet die radikale Verneinung jeglicher Tathandlung in Gustav Meyrinks Erzählung von »J. H. Obereits Besuch bei den Zeit-Egeln«. Der Protagonist, der unsterblich scheint (»In der Stadt gelte ich als mein eigener Enkel«), schildert dem Erzähler das Absterben all seiner Wünsche und allen Willens: »... und dann bin ich geworden wie Holz, das nicht fühlt, ob man es streichelt oder zersägt, ins Feuer oder ins Wasser wirft.« Die Lehrpredigt von der »Unbeweglichkeit des Herzens« beschreibt eine Reise in die Gegenwelt der Phantome, die sich am Warten und Hoffen der Menschen mästen, und der Hörer wird aufgefordert, alle Hoffnung mit der Wurzel auszureißen: »Werden Sie wie ein Automat hier auf der Erde! Wie ein Scheintoter! Greifen Sie nie nach einer Frucht, die Ihnen winkt, wenn auch nur das geringste Warten damit verbunden ist; rühren Sie keine Hand, und alles wird Ihnen in den Schoß fallen ... und dann werden Sie ... von sich sagen können: ich fahre hinaus ins uferlose Meer eines ewigen Lebens mit schneeweißem Segel.« Daß ein solches Schlußbild derart genau die

Welt des heroischen Symbolismus beschwört (als hätte Meyrink etwa Klingers Blatt »Accorde« aus dem Zyklus *Brahmsphantasie* von 1894 verschwommen vor Augen gehabt), zeigt, wie nun in einer seltsamen *coincidentia oppositorum* die Fetischisierung des heldenhaften Willens und die buddhistische Willenlosigkeit zusammenfallen sollen. Die Verschmelzung feiert das »asiatische« Erlöschen der Willensregungen als einen Triumph äußerster Konzentration. Wie so häufig bezeichnet Meyrinks okkultistische Phantasie keinen Ausweg, umreißt aber eine interessante Denkfigur, deren Form dem Studium östlicher Versenkungspraxis abgelernt ist: Die Reglosigkeit des Inaktiven soll eine reine, tendenziell schrankenlose Macht begründen. Die Bewegungsverneinung ist keine Frage der Würde mehr, sondern eine der magischen Kraft: in dem Maße, in dem ich jede nach außen tastende Bewegung stillege, muß die Welt meinem Inneren gehorchen. Es ist dies augenscheinlich eine Trostphantasie des Ohnmächtigen, deren Reiz darin liegt, daß Reglosigkeit von allen mühsam zu erwerbenden Tugenden noch die einfachste sein mag.

*

> »Wie schön sind die edlen Kinder! Wie groß sind ihre Augen! Und noch so jung! In der Tat, in der Tat, ich hätte es wissen müssen – die Kinder der Könige sind Männer von Anbeginn.«
>
> Nun wußte Tabaqui so gut wie irgendein anderer, daß nichts so unheilvoll ist, wie Kinder ins Gesicht hinein zu loben, und es freute ihn, zu sehen, wie unbehaglich Mutter und Vater Wolf dreinschauten.
>
> KIPLING, Mowglis Brüder (*Das Dschungelbuch*)

Hängt die sorgfältige Erregungsvermeidung angesichts von Schicksalsschlägen vielleicht mit dem umgekehrten Zug zusammen, sorgfältig zu unterlassen, daß man sich glücklich preist oder auch das Glück eines anderen lobt? Ersteres kennen wir aus dem »Ring des Polykrates«. – »Ein anderer im ganzen Oriente sehr verbreiteter Glaube ist, daß man einen gewissen Zauber ausüben könne, indem man Jemand oder eine Sache sehr lobt. Nicht Jedermann hat diese gefährliche Eigenschaft, und nicht immer wird sie freiwillig ausgeübt. Es ist gewiß Niemand in Bosnien gereist, der sich nicht in einer ähnlichen Lage wie ich gefunden haben sollte. In einem Dorfe nämlich sah ich ein kleines hübsches Kind vor einem Hause im Grase spielen. Ich liebkoste es und lobete es gegen seine Mutter …« (»Peter Schlemihl«, *Wunder- Sagen- und Gespensterbuch,* 1. Band, Wien 1835). Die Mutter ersucht den Reisenden dringlich, dem Kind sogleich »auf die Stirn zu speien«. Der weigert sich verblüfft. Der Vater zwingt ihn mit vorgehaltener Pistole dazu: Er muß den Schadenzauber, der in dem Lob stecken könnte, aufheben. Dieses naive Touristenlob wird vom Autor gleich nach dem Thema des bösen Blicks abgehandelt.

Die ethnologischen Materialien aller Zeiten und vieler Völker belegen, daß uns rasch unheimlich wird, wenn irgendein scheeläugiges Fatum durch Lobpreis herausgefordert werden könnte. Der böse Blick verkörpert die Macht des Neides. Besonders reich ist dieser Glaube nun tatsächlich für die Länder des Islam belegt; eine Studie wie E. W. Lanes *Manners and Customs of the Modern Egyptians* (1836, 5. Auflage 1860) bietet zahlreiche instruktive Beispiele für die Macht des neidischen Hinsehens. Etwa: »Es ist Brauch unter den Höhergestellten und dem Mittelstand von Kairo, bei einer Hochzeit in der Straße vor dem Haus des Bräutigams Kronleuchter aufzuhängen, und oft bildet sich eine Menschenmenge, um zuzuschauen, wie ein sehr großer und prächtiger Lüster angebracht wird. In diesem Falle ist es üblich, die Aufmerksamkeit der Zuschauer durch das Umwerfen und Zerbrechen eines großen Kruges oder durch eine andere List abzulenken, damit nicht ein neidischer Blick den Lüster herabstürzen läßt.« So wie der Kronleuchter sind alle wertvollen Dinge – und zuallererst die kleinen Kinder – durch den Neid gefährdet. Und nichts als der blanke Neid scheint sich oft im Lob zu verbergen. Vielleicht fordert aber das unbedachte, auch das wohlmeinende Lob außerdem den Neid der Unsichtbaren heraus, die, aufmerksam geworden, ihre besonders durchdringenden Blicke auf das gelobte Objekt fixieren könnten. »Wenn jemand eine Bewunderung für irgendetwas zum Ausdruck bringt, die als ungehörig oder neidisch aufgefaßt wird, wird er in der Regel von jenem getadelt, den er dadurch erschreckt hat, und dieser sagt zu ihm: ›Segne den Propheten!‹ Wenn der Neider gehorcht und sagt: ›Gott segne ihn!‹, gewärtigt man keine bösen Folgen. Es gilt als überaus unanständig, seine Bewunderung einer anderen Person oder eines Gegenstandes, der einem nicht gehört, durch Ausdrücke wie ›Gott behüte!‹, ›Wie schön!‹ oder ›Sehr schön!‹ auszudrücken …« Ein solches Lob kommt einer Verwünschung gleich, weil zum Glück das Gleichmaß der Unauffälligkeit zu gehören hat.

Der westlich-epikureische Rat *láthe biósas,* lebe verborgen! ist eine kluge Maßregel gegen die Willkür der Mächtigen, gegen Neid und Torheit der Mitbürger. Aber ist er vielleicht noch mehr? Schwingt in ihm ein uralter Aberglaube mit, daß die Welt voller kapriziöser und rasch zu Mißgunst aufgelegter Daimonia sein könnte, denen jedes Hinausragen über das Mittelmaß menschlicher Dürftigkeit und Unzufriedenheit als Impertinenz erschiene? (Oder vielleicht, denn auch Dämonen könnten abergläubisch sein, als unheimliches Zeichen einer schwankenden Welt, als böses Omen einer unheilvollen Abweichung vom verhängten Menschengeschick, als eine Inkorrektheit, die es sofort auszutilgen gilt, damit wieder die alte Ordnung herrsche im Universum?) Jedenfalls lautet der alte gute Rat nicht nur an den Soldaten oder den kleinen Angestellten: Nicht auffallen! Keine

Miene verziehen! Keinen Blick auffangen! Nichts wäre nach solchen Imperativen schlimmer, als die in alten Werbeanzeigen für Fortbildungskurse ausgegebene Parole zu befolgen: Machen Sie den Chef auf sich aufmerksam! Denn täte man dies, wäre man schon aus dem sicheren Bannkreis der Anonymität herausgetreten und hätte sich allem Unglück preisgegeben.

*

> Denn auf dem Palatin sehen wir einen Tempel des Fiebers und einen der Orbona beim Tempel der Laren, und ferner auf dem Esquilin einen Altar, welcher der Mala Fortuna geweiht ist: dem Mißgeschick.
>
> CICERO, *De natura deorum* (III, 63)

Das Unglück war im alten Rom offensichtlich eine Gottheit »wie jede andere«. Es verdiente also Achtung und Verehrung. War das mehr als eine abergläubische Schutzgeste, ein Versuch, sich den bösen Zufall vom Leibe zu halten, indem man ihm opferte und gut von ihm sprach? Auch das wäre noch der Versuch gewesen, abzuwenden, was die Vorstellung vom Kismet als Unabwendbares setzt – eine Vorstellung, die uns zuletzt nichts läßt als die Würde des unerschrockenen Einverständnisses mit dem Unglück. Was lehrt uns denn, um so schulmäßig zu enden, der Blick auf dieses Kismet, das konstruierte, das angebliche, außer daß wir hiermit eine weitere Illustration der Neigung aller Völker hätten, sich eigenartige Vorstellungen vom Geist der anderen Völker zu machen? Wir könnten daran vielleicht erkennen, wie gerne wir manchmal an die Unabwendbarkeit dessen glauben würden, das durch kein Opfer und keine List zu besänftigen wäre. Das hat eine merkwürdige Verwandtschaft mit dem Reiz des Phantastischen, wie ihn Gustafsson formuliert hat: Wir empfinden beim Genuß von Werken der Phantastik die paradoxe Erleichterung, wie sie uns beim Aufgeben eines als unlösbar erkannten Problems überkommt. In der Tat beginnt die moderne phantastische Literatur paradigmatisch mit einem Text aus einem tückisch dekorativen, aber Held und Leser um so unerbittlicher in die Unterwelt treibenden Orient: Beckfords *Vathek*. Der Orient ist – an dieser Vorstellung haben die Märchen aus Tausendundeiner Nacht schon ihrer Grundkonstruktion nach Anteil – ein Labyrinth. Es verspricht eine endlos bunte Verwirrung bei verlockender Stasis. Solcherart böte auch unser Kismet zumindest die tiefe ästhetische Befriedigung der zwingenden Form. Wie geht die alte Geschichte aus dem imaginären Arabien, von W. Somerset Maugham und anderen erzählt? Der Diener eines reichen Mannes in Bagdad kommt gelaufen und wirft sich zu Füßen des Herrn: Auf dem Markt ist ihm soeben der Tod begegnet und hat ihm mit einer drohenden Gebärde gewinkt. So möge der Herr ihm, fleht der Diener, sein schnellstes Pferd geben, damit er nach Samarra fliehen kann und sich dort verbergen. Der Herr gewährt es und geht selbst auf den Markt, da steht der Tod vor ihm, und er stellt ihn zur Rede: Weshalb hast du meinen Diener mit einer drohenden Gebärde geängstigt? Das, erwidert der Tod höflich, war keine Drohung. Es war eine Geste des Erstaunens, ihn hier in Bagdad zu sehen, habe ich doch heute abend eine Verabredung mit ihm in Samarra.

Der Regen. Eine Alltagserfahrung

> Palmström liebt das schlechte Wetter sehr,
> denn dann ist auf Erden viel mehr Ruhe;
> ganz von selbst beschränkt sich das Getue
> und der Mensch geht würdiger einher.
>
> MORGENSTERN, *Palmström*

> Ich habe meinen Regenschirm vergessen.
>
> NIETZSCHE, Notiz im Nachlaß

Der Regen heißt: unmittelbare Präsenz von Natur. Man wird naß. Das kann ärgerlich sein, aber es bietet auch Gelegenheit zur Einübung in den Stoizismus, und wenn man einmal richtig durchnäßt wird, bemerkt man auch die sinnliche Qualität dieser Berührung durch ein Element. Man empfindet einen gewissen Stolz, sich durchzuschlagen durch das vertikale Wasser; die Heimkehr aus dem Regen ist die Urform des gelungenen Abenteuers. Wenn es zu regnen beginnt, ist die Natur deutlich gegenwärtig, aber – in unseren Breiten – lediglich in einem Maße, das wir durchaus noch ertragen. Wir mögen ein wenig durchnäßt werden. Immerhin ist ein massiv schlechtes Wetter durchaus ein Erlebnis.

»Unerbittliches Novemberwetter … Hunde, im Straßenschlamm nicht mehr unterscheidbar. Pferde, kaum besser, bespritzt bis zu den Scheuklappen hinauf. Fußgänger, alle von einer generellen Übellaunigkeit infiziert, die sich mit ihren Regenschirmen aggressiv verheddern und an Straßenecken das Gleichgewicht verlieren, wo Zehntausende anderer Fußgänger schon seit dem Morgengrauen (wenn dieser Morgen je gegraut hat) im Dreck gerutscht und geschlittert sind ...« – »Ja, die Zeit der großen Regenfälle ist gekommen; seht, wie die Dachtraufen singend auf die Trottoirs kotzen, wie der Mist in den Lachen mariniert, die mit ihrem Milchkaffee die Schlaglochschalen des Asphalts füllen; für den einfachen Passanten sind überall Fußduschen in Betrieb. Unter dem niedrigen Himmel schwitzen schwarz die Häuserwände in der feuchtwarmen Luft und es stinken die Kellerlöcher; der Ekel des Daseins tritt deutlicher hervor, und Trübsinn richtet alles zugrunde; die Saat des Unflats, der in jedermanns Seele liegt, geht auf; Lust auf widerliche Saufgelage treibt sonst strenge Menschen um, und im Hirn geachteter Leute keimen Begierden von Zuchthäuslern.« Der erste Auszug ist aus Dickens' *Bleak House*, die zweite Passage ist aus Huysmans' *À Rebours*, und beide scheinen – *à rebours* – eine Liebeserklärung in ihrer orgiastischen Schilderung der Häßlichkeit des Regnerischen. Die vielleicht ein wenig radikale Phantasie, die bei Huysmans dem Regen überraschenderweise den moralischen Verfall des Menschen zuschreibt, benennt immerhin neben dem Unordentlichen des schlechten Wetters ein Element des Regens korrekt: das Gleichmacherische, das der Regenguß jedenfalls für den »einfachen Passanten« ohne Kutsche bereithält. Den Regen schüttet es auf uns alle herab. Von dem Diktum des Evangelisten »Ich aber sage euch: Liebet eure Feinde, segnet, die euch fluchen, tut wohl denen, die euch hassen, bittet für die, so euch beleidigen und verfolgen, auf daß ihr Kinder seid eures Vaters im Himmel; denn er läßt seine Sonne aufgehen über die Bösen und über die Guten, und läßt regnen über Gerechte und Ungerechte« (Matth. 5, 44–45) hat sich der Phantasie des christlichen Abendlandes vor allem der Halbsatz eingeprägt, daß der Herr es regnen läßt über Gerechte und Ungerechte. Diese Bemerkung entspricht der Evidenz unserer Sinne, und man kann die ihr implizite moralische Pointe gut nachvollziehen. Als Charlie Brown und Linus einmal durch den Regen marschieren, schweigend, zitiert der Erstgenannte jenen Bibeltext: »The rain falls on the just and the unjust.« Sie gehen weiter, Linus überlegt. Um im letzten Bild zu sagen: »That's a good system!« Man wird ihm zustimmen: Es ist ein gutes, weil egalitäres System. Jedoch hat die Sache, denken wir kurz nach, einen Haken; ein Epigramm von Lord Bowen nimmt trocken das Egalitäre der Anordnung zurück:

The rain it raineth on the just
And also on the unjust fella:
But chiefly on the just, because
The unjust has the just's umbrella.

Neben und hinter dem Satz, der Gerechte und Ungerechte durch den Regen schickt, wartet ein anderer, halbvergessener, einer jener Sätze, die man wiedererkennt und doch nicht kennt: »Der Regen regnet jeglichen Tag...« Die Zeile »The rain it raineth every day« kommt zweimal bei Shakespeare vor: im sinisteren Kontext der wahnsinnigen Wanderung des ausgestoßenen Lear durch das Unwetter (III, 2) und in *Twelfth Night* (V, 1). Dort schließt das Stück, nachdem alle anderen abgegangen sind, mit einem Liedchen des »Clown«. Das elisabethanische Zeitalter hat *fool* und *clown* wohl als Synonyme verwendet; *clown* – etymologisch verwandt mit *clod* (Erdscholle, Tölpel, dummer Bauer) scheint in stärkerem Maße die Bezeichnung für das entsprechende Rollenfach geworden zu sein, zuständig für die Rüpelszenen: Die Handwerker im *Sommernachtstraum* sind *clowns*. (Hamlet, in seiner Anweisung an die Schauspieltruppe, bemerkt: »Und laßt die, so bei euch die Clowns spielen, nicht mehr sagen, als für sie aufgeschrieben steht«, was auf eine tadelnswerte Neigung zum Improvisatorischen deutet, zu Commedia-dell-arte-Possen.) Nach dem Ende der komplizierten Komödienintrigen in *Twelfth Night* – an denen der Clown seinen Anteil hat – bleibt er alleine zurück und füllt die leere

Bühne, ehe er auch verschwinden wird, mit seinem simplen Regenliedchen. Alle Strophen enden mit »The rain it raineth every day«, bis zur letzten: »A great while ago the world begun, / With hey, ho, the wind and the rain; / But that's all one, the play is done, / And we'll strive to please you every day.« Der Schluß des Schlusses verbeugt sich vor den Zuschauern: immer zu Diensten! Aber vorher tönt das ewig alte Liedchen, hey, ho, Wind und Regen, eine muntere, doch eintönige Melodie, die am Anfang der Welt gestanden haben soll und jetzt noch alles regiert. Der Regen ist die alte Ballade der Welt und der Zeit, die wir – wie die Sphärenmusik – nicht mehr recht vernehmen, weil sie uns dauernd im Ohr rauscht.

*

> Hier hast du einen
> Regentropfen
> Ein bißchen Ozean
> Für deinen Durst
> GÜNTER BRUNO FUCHS

Der Regen ist reine Sinnlichkeit: Sinnlichkeit nämlich, die den Genuß und das Genießerische hinter sich läßt und unmittelbare Reizung der Sinne herbeiführt. Nässe, starker Geruch nach Erde und Vegetation, den selbst noch die spärlichen grünen Einsprengsel der Großstadt verbreiten, nach dem Ende des Regens ein merkwürdiges Licht. Die Epiphanie des Regengenusses, Gene Kellys Musical-Solo im strömenden Regen, enthält die schönste hier mögliche Geste: Er *schließt* im strömenden Regen den Schirm, ehe er mit »Singin' in the Rain« beginnt. Das ist der Augenblick des Einswerdens mit dem Regen. Er hält das Gesicht nach oben in den Regen und läßt sich von ihm abküssen, er springt im aufspritzenden Pfützenwasser herum. Daß diese Erotik des Regnerischen nicht ganz und gar gesellschaftlich akzeptabel ist, zeigt die mißtrauische Reaktion des auftauchenden Polizisten; trotzdem bringt es Kelly nicht über sich, den Regenschirm, mit dem er getanzt hat, wieder aufzuspannen – er verschenkt ihn an einen vorbeieilenden Passanten. Der Regen der Verliebten – wenn die Tropfen die Fensterscheibe hinabrinnen und sich vermählen – ist ein altes dekoratives Thema Hollywoods, wo man die Regenmaschine nur allzugerne anwirft. Der Regen ist hier meist das Symbol emotionaler Krisis und eine Gelegenheit zum Austreten aus dem Alltäglichen. *The Rains Came* heißt der melodramatische Film aus dem Jahre 1939, in dem die Monsunfluten eine Liebe zwischen einer weißen Frau und einem Inder ermöglichen. Milder gedacht ist der Regen oft ein Agens des erwünschten Zufalls, der überraschenden Begegnung, der umschlagenden Stimmung. Um noch einmal aus den *Peanuts* zu zitieren: »Rain can be very romantic … All girls look forward to their first kiss in the rain«, sagt Lucy, im sanften Regen stehend. Der neben ihr hockende Snoopy reckt sich hoch und drückt ihr ein Küßchen auf die Wange. »That was it!?« Snoopys Denkblase: Lucky girl!

Der Regen durchfeuchtet Stadt und Land und sorgt für eine erhöhte und verringerte Spurenhaftigkeit, er schafft Indizien – feuchte Abdrücke – und spült andere fort. Das ist ein wichtiger Subtext vieler Detektivgeschichten. Der Regen lehrt uns, selbst wenn wir nur Kriminalromane lesen und aus Eigenem keinen geschärften Blick für die Umgebung haben, daß überall Spuren entstehen und Spuren verwischt werden. Die wunderbarste Spur des Regens ist die Pfütze. Chesterton hat am klarsten dieses Wunder benannt: Der Regen ist dem »schönen« Wetter an Schönheit überlegen, weil sich durch ihn die Zahl der reflektierenden Oberflächen unendlich vervielfacht. Der Regen erzeugt überall Spiegelbilder, und wenn man nach dem Regen die Straße hinabgeht – während des Regens hat man meist nicht die Muße für solche Blicke –, sieht man in den Pfützen hinauf in erstaunliche Räume, erblickt die Wolkenkratzerperspektiven sich umkehrender Mülltonnen, Werbetafeln, Fahrräder. Diese Multiplikation einer sich facettierenden Spiegelwelt ist eines der schönsten Geschenke des Regens. Hinter solchen hohen Reizen liegt jedoch eine ungeheure Einfachheit. Ernst Bloch hat eine Stelle aus Knut Hamsuns *Pan. Aus Leutnant Thomas Glahns Papieren* in den *Spuren* auszugsweise zitiert; ich ergänze sie hier: »›... Und zuweilen sehe ich das Gras an, und das Gras sieht mich vielleicht wieder an; was wissen wir? Ich sehe einen einzelnen Grashalm an, er zittert vielleicht ein wenig, und ich denke mir: Das ist etwas. Ich denke mir: Da steht nun dieser Grashalm und zittert! Und wenn es eine Fichte ist, die ich betrachte, hat sie vielleicht einen Zweig, der mir auch etwas zu denken gibt. Aber manchmal treffe ich auch Menschen auf den Höhen, das kommt vor.‹ – Ich sah sie an, sie stand vornübergebeugt und lauschte. Ich kannte sie nicht wieder. Sie war in so hohem Maße aufmerksam, daß sie gar nicht auf sich selbst achtgab und garstig, einfältig anzusehen war; ihre Unterlippe hing tief herab. – ›Ja, ja‹, sagte sie und richtete sich auf. – Die ersten Regentropfen fielen. ›Es regnet‹, sagte ich. – ›Ja, denken Sie nur, es regnet‹, sagte auch sie und ging bereits.«

*

Schlaf, Kindlein, schlaf,
am Himmel steht ein Schaf;
das Schaf, das ist aus Wasserdampf
und kämpft wie du den Lebenskampf.
Schlaf, Kindlein, schlaf.

MORGENSTERN, Galgenkindes Wiegenlied

Unverbindlich ist das Wetter in den Alpen.

KŘENEK, Reisebuch aus den österreichischen Alpen

Der Regen ist die beiläufigste Form des Naturkreislaufes, die wir wahrnehmen können. Auch wer – wie die meisten von uns – nicht viel von der materiellen Logik des Planeten begreift, kann die Beziehung zwischen Regen und Wolke herstellen und weiß, daß die Erde und die Pflanzen den Regen brauchen. Dieser unterirdischen Lebenswichtigkeit des Wasserhaushalts entspricht die unverrückbare Topik der Trivialkonversation; Bemerkungen über das Wetter sind unsere klassischen Behelfe, wenn wir nicht wissen, was wir sagen sollen – bei Wodehouse greift Bertie Wooster in einer Situation verlegenen Schweigens gerne zu einer profunden Bemerkung wie »The crops need rain.« Das Wetter ist der willkommene Gegenstand jener automatischen Unterhaltung, die an die Stelle eines Gesprächs den beruhigenden Austausch vertrauter Urformeln setzt. (Experimentell kann man auf beiläufige Kommentare zum schlechten Wetter betonen, wie sehr man den Regen schätzt; die Formelkonversation bricht entweder ab oder wird zu einem Gespräch.) Die Trivialität der Wetterbemerkungen heißt nicht, daß das Thema trivial wäre; es beginnt nachgerade wieder, uns zu beunruhigen. Auch früher war schlechtes Wetter ein Besorgnisthema; in dem Spleen-Gedicht (*Fleurs du Mal* LXXV), das jenen Monat evoziert, welchen der französische Revolutionskalender dem Regen unterstellt hat, den Pluviôse, heißt es von diesem: Er gießt aus seiner Urne in großen Wellen ein kaltes Dunkel auf die bleichen Bewohner des nahen Friedhofs, und die Sterblichkeit auf die nebligen Vorstädte.

Der Regen ist von schöner Gleichgültigkeit, er antwortet nicht. Nicht unserer Stimmung; diese muß vielmehr ihm zu antworten verstehen. Nicht unserer Lage, die muß versuchen, sich von ihm unabhängig zu gestalten. Es war eine klassische Strategie des erzählenden Realismus, dem Helden das Wetter stimmungsmäßig antworten zu lassen. Das ist paradox, denn »realistisch« gesehen ist das Wetter häufig schlecht, wenn wir glücklich sind, und schön, wenn wir eine

Katastrophe erleben. Die ästhetische Anpassung zeigt die Künstlichkeit einer Literatur, die vorgibt, Gesellschaft zu »spiegeln«. Nun, wir wissen ja, daß aus dem Buch nicht der Spiegelglanz der getreulich wiedergegebenen Realität fällt, es steigen aus ihm die Zeichenschwärme eines Systems souveräner Willkür auf. Wir halten uns bei der Lektüre dieser Bücher auch nicht mehr an einen gesellschaftlichen Gesamtsinn, sondern an jene winzigen Details, in denen eine ungeheure Bedeutung stecken mag. Die großen Strukturen der Romane sind aufgespannt, um solche Details zu behausen. Diese wollen – nicht häufig genug zu zitierender Ratschlag Nabokovs – gestreichelt werden. Ist der Regen ein Detail? Er besteht aus lauter Details, den Regentropfen. Man kann ihnen zusehen, wie sie an der Fensterscheibe hinabgleiten, und in nicht glücklicheren, aber ereignisärmeren Zeiten haben Kinder im Wettbewerb oder auch in einer einsamen Wette gegen sich selbst auf einen solchen hinunterrinnenden Regentropfen gesetzt: Welcher ist der schnellste? Der Regen ist massiv, ein riesiger Wassersturz, gleichzeitig ist er eine Akkumulation kleiner Durchnässungen. Dieses Winzige am Regen ist in einer Gedichtzeile eingefangen: »Niemand, nicht einmal der Regen, hat so kleine Hände.« Das ist aus dem Gedicht von E. E. Cummings (*somewhere I have never travelled gladly beyond / any experience …*), mit dem Michael Caine in *Hannah and her Sisters* Barbara Hershie verführt. Es ist hübsch, die Erotik des Regens so beiläufig beschworen zu sehen.

Der Regen nimmt uns hinaus, mit dem Wind zusammen, der uns den Schirm umkippen will und in die Kleider fährt. Regen und Wind begründen Flugphantasien, der Regen beschwingt uns. Große Poesie des Abenteuers und der Befreiung erzeugt sich in einer kleinen Geschichte, die um so verblüffender wirkt, als sie mit der diametral entgegengesetzten Absicht einer Warnung vor etwas Gefährlich-Häßlichem geschrieben wurde: der »Geschichte vom fliegenden Robert«, der zehnten und letzten Geschichte in Heinrich Hoffmanns

Struwwelpeter. Um noch einmal dieses seltsame Beispiel einer paradox aus philiströser Beschränktheit erwachsenden Poesie ins Gedächtnis zurückzurufen: Die guten Kinder bleiben bei Regen »hübsch daheim in ihren Stuben«. »Aber Robert dachte: Nein! / das muß draußen herrlich sein!« Dieses konsequente Nein!, eine ferne Verwandtschaft von Don Giovannis wiederholtem *No!* zum Commendatore, ist für Hoffmann törichter Ungehorsam, für den Leser ein Akt großartiger Befreiung. Der im Regen mit dem Schirm »umherpatschende« Robert wird vom Wind ergriffen, der sich im Schirm verfängt; »niemand hört ihn, wenn er schreit« (eine unglaublich sinistere Zeile, wie eine Devise der schwarzen Pädagogik), und »Schirm und Robert fliegen dort / durch die Wolken immerfort.« Was bereits – wider allen Willen des Autors – wunderschön ist. Und schließlich: »Wo der Wind sie hingetragen…«: Dieser Plural, in dem Regenschirm und Spaziergänger als miteinander fliegendes Paar gefeiert werden, nimmt fast schon die melancholische Erotik von Brechts Mahagonny-Song vom Kranich und der Wolke vorweg. »…Ja, das weiß kein Mensch zu sagen.« Seltsam läßt das letzte Bild den fliegenden Robert aus der Zone des Regens in den klaren Himmel entschwinden.

Ein kleiner Exkurs: Wenn der Regen in den nächsten Aggregatzustand übergeht, den Schnee, sind wir sofort im Bezirk einer eigenen Mythologie – das Schneetreiben, die Wölfe, das Abkommen vom Weg, das eingeschneite Landhaus (ein Mord wird geschehen). Das wunderbare Wort »Schneegestöber«. Die erstaunliche Tatsache – in belehrenden Kinderbüchern angeführt –, daß von den Schneeflocken keine der anderen gleicht (wenn auch Linus an einem Winternachmittag plötzlich ins Haus gerannt kommt und ruft: »Lucy, come quick! I saw them!« Begreiflicherweise findet er dann, als die Schwester ihm verblüfft ins Freie gefolgt ist, die beiden genau gleichen Schneeflocken nicht mehr.) Die Nachbildung des Menschen aus dem gefrorenen Regen: der Schneemann, eine in der volkstümlichen Literatur fast unweigerlich dämonische Figur (die im Englischen eine seltsame Fernverwandtschaft mit dem Yeti unterhält, welcher »the abominable snowman« genannt wird). Die Schneekugel, die ebenfalls leicht unheimlich sein kann. Die Spuren im Schnee (die Pooh den Bären zu so beschämend irrigen Schlußfolgerungen führen, als er mit Piglet um das Wäldchen herum und herum geht). Der Schnee ist die Steigerung des Regens in die Abstraktion der reinen Weiße, doch diese bevölkert sich in Sekundenschnelle mit unseren Träumen und Bräuchen.

*

> Es war nun ganz und gar Nacht geworden, und ein dichter feuchter Nebel hing über der Stadt, der bald in einem stetigen, starken Regen endete. Dieser Wetterwechsel hatte eine seltsame Wirkung auf die Menge, die insgesamt sofort in neue Bewegung geriet und von einer Welt aus Regenschirmen überschattet wurde. Das Schwanken, das Stoßen und das Gesumm verzehnfachten sich. Ich meinerseits achtete des Regens nicht sehr – in meinem Organismus steckte ein altes Fieber, das die Feuchtigkeit fast allzu gefährlich-angenehm machte. Ich band mir ein Taschentuch vor den Mund und schritt weiter.
>
> POE, The Man of the Crowd

Wenn man zwei der bedeutendsten Darstellungsepochen von Landschaft und Wetter in der Kunst vergleicht, stößt man auf einen erstaunlichen Unterschied. Die in den japanischen Holzschnitten aus der Mitte des neunzehnten Jahrhunderts – vor allem denen der großen topographischen Folgen von Hokusai und Hiroshige – so verbreitete Darstellung des Regens fehlt nahezu vollkommen in der niederländischen Landschaftsgraphik des Gouden Eeuw, des siebzehnten Jahrhunderts. Das ist ein eigenartiges Phänomen angesichts der Tatsache, daß die verschiedensten anderen Stimmungsphänomene (Nacht, Schnee, Feuerschein, Wolkenhimmel, Waldesdunkel) dort oft und gerne als solche erfaßt werden. Der Regen ist bei den Niederländern bloß typisches Symptom einer Jahreszeit oder eines Monats, er gehört wie die saisonal charakteristischen Arbeiten in der Landwirtschaft und wie die Stadien der Vegetation in den mittelalterlichen Jahreszyklen an einen bestimmten Kreislaufpunkt der festgefügten Welt – so sieht man ihn in den sehr seltenen Fällen seines Auftauchens in den Landschaftsstichen als Attribut des März oder des Herbstes; fast immer wird er dann nur durch ein paar Schauer-Diagonalen in einem Himmelseck angedeutet, wie dies denn auch im berühmtesten Falle einer autonomen Darstellung in dieser Epoche, den »Drei Bäumen« von Rembrandt, geschieht. Dort regnet es *par distance*, die Regenschraffur nimmt lediglich das linke Obereck ein – ein graphischer Balanceeffekt. Bei Seestücken ist der Regensturm Teil der nautisch erlebten Naturgewalten, wie schon in Pieter Brueghels stupendem Landschaftszyklus gehört er als saisonal katastrophischer Vorgang zur Logik des Universums. Der Regen wird vom Weltenkreislauf aus betrachtet und nicht vom Menschen her; die vorbeiwandernden Bauern und Reisenden im Feuchten sind Dekorationsfiguren, es sind keine Konzentrationspunkte unserer sinnlichen Nachempfindung wie die unter ihre Ölpapierschirme gekauerten japanischen Wanderer. Wenn wir dagegen die großen Serien des japanischen Farbholzschnitts aufblättern, regnet es ständig, bei Hokusai wie bei Hiroshige; der Regen wird in einem Liniennetz über die gesamte Bildfläche gelegt, und er wird immer durch seine starke Wirkung auf die Menschen gezeigt, die rasch, in sich zusammengekrümmt, mit ihren Schirmen oder unter einem aus Papier, aus Tuch (oder als kleine Groteske aus einem riesigen Kohl- oder Rhabarberblatt) improvisierten

Regenschutz dahineilen, man spürt in ihren Bewegungen und Körperhaltungen den Wind und den Andrang der Wassertropfen.

Constable hat wie keiner zuvor und nachher den bewegten Himmel, das Getümmel der Wolken und die hinreißende Schönheit des schlechten Wetters abgeschildert. Aber das Wetter ist, wie Chesterton über die Malerei der englischen Romantik bemerkt hat (»das Wetter ließ sich von Constable porträtieren, das Wetter stand Turner Modell« – »The Colour of Grey«) das autonome Sujet dieser Kunst. In Constables Aquarellen und Ölskizzen (*Seascape Study with Rain Clouds at Brighton*, Royal Academy; *Hampstead Heath in a Storm*, British Museum) ist der Regen ein fernes Schauspiel, ein Himmelszeichen über einer unbewohnten Welt. Das eigentliche Interesse des Malers gilt dem Wolkengetümmel droben, dem gelegentlichen Regenbogen, dem Antlitz des Wetters. Den Regen als Ereignis für den Wanderer oder Passanten, das Sinnliche des Regens – das Haptische im Gegensatz zum Visuellen – stellt er nicht dar; diesen Regen erfaßt die europäische Malerei erst als Schülerin Japans. Ihr vielleicht schönstes Regenbild, die wunderbar weiche, geschäftig belebte, monumentale Stadt-Grisaille von Gustave Caillebottes *Rue de Paris par temps de pluie* (1875, Art Institute of Chicago) ist nicht vorstellbar ohne das Vorbild des japanischen Farbholzschnitts, obwohl sie in so vieler Hinsicht den Gegensatz zu diesem bildet. Der bei den Japanern, bei Caillebotte und auf anderen Stadtlandschaften der Impressionisten allgegenwärtige Regenschirm ist im Kontext Constables undenkbar.

Der Regenschirm ist ein seltsames Objekt; er kann sowohl urbane Eleganz wie provinziell-behäbige Spießigkeit suggerieren. Insgesamt tendiert er robust zur Kleinbürgerlichkeit, der voluminöse Schirm ist ein Zeichen des Provinzlers bei Daumier und Wilhelm Busch (dessen Bildergeschichten eine kleine Enzyklopädie von Standardsituationen der Regenschirm-Möglichkeiten enthalten). Der Regenschirm ist schon in der Mitte des neunzehnten Jahrhunderts ein

Signet der Philisterexistenz; er ist Gegenstand des Witzes und wird als leicht vulgäres Requisit verachtet, als ob die planende Vorsicht oder überhaupt die Unwilligkeit, sich dem Regen direkt auszusetzen, philiströs wären. Im Englischen hielt sich lange Zeit als ironisch-herablassendes Synonym für »umbrella« das Wort »gamp«, das heute allerdings wohl noch einigermaßen verständlich, aber kaum mehr in aktivem Gebrauch ist. Es markiert klar das Vulgäre dieses Gegenstands: Mrs. Gamp ist eine Figur bei Dickens, eine unendlich schwatzhafte, zu grotesken Anekdoten über die fiktive Mrs. Harris neigende, schlampig-rücksichtslose, großartig lächerliche Person, die unweigerlich die Brühe oder Milch der Krankenkost mit ihrem herabrieselnden Schnupftabak würzt – und mit einem plump-riesigen Regenschirm herumläuft. Der Schirm ist ein Kleine-Leute-Requisit (in das man opportunistisch diverses Marktgemüse zum Transport stopfen kann): Der Betrachtungsstandpunkt ist derjenige dessen, der über eine Equipage verfügt und den die ärmlichen Sorgen dessen erheitern, für den das Durchnäßtwerden seiner Kleider ein Problem wäre, weil er sie nicht einfach für den Kammerdiener auf den Boden wirft (oder als unbekümmerter und robuster Bohémien am Körper trocknen läßt). Im Gesellschaftskosmos der Photographien von August Sander ragt der Schirm markant im Porträt des demokratischen Reichtagsabgeordneten auf – hier sind wir schon an der Grenze zum Typus des »zerstreuten Professors«, zu dessen Accessoires der Schirm ja auch gehört. Es ist bemerkenswert, daß die Truppe von grotesken Gelehrten, die bei Méliès zum Mond reist (*Le Voyage dans la lune*, 1902), alles clowneske Pantalone-Figuren, mit einer Unzahl von voluminösen Regenschirmen ausgerüstet ist, als seien diese Berufsabzeichen des Professoralen. Immerhin werden sie sich bei der Begegnung mit den aggressiven Mondbewohnern als nützlich erweisen. Mit diesem frühen Film beginnt die lange Reihe der großen und kleinen Regenschirm-Auftritte im Kino; *Les parapluies de Cherbourg* ist zwar in erster Linie der hübsche Name eines Fachgeschäfts, doch der große zwölfminütige Regen-Film von Joris Ivens (1929), für den Eisler 1932 *Vierzehn Arten, den Regen zu beschreiben* komponiert hat, zeigt vor allem eines: wie sich Amsterdam mit Regenschirmen bevölkert.

Noch in dem Witz, wo Graf Bobby animiert erzählt, er habe beim Einkaufen in der Stadt seinen Schirm irgendwo vergessen, alle die feinen Ladenlokale noch einmal aufgesucht – nix, und dann, ganz zum Schluß, da siehst es wieder, wer hat meinen Schirm schließlich gehabt? So ein kleines, bescheidenes Geschäft, das gar nix von sich hermacht … noch hier zeigt sich die demütige Ecke (in die er sich sozusagen hineinschmiegt) als Wohnstatt des Regenschirms. Unter den Requisiten der sozusagen stillgelegten bürgerlichen Existenz aber ist er trotzdem dasjenige, das sich eine gewisse Zwielichtigkeit bewahrt hat. Zwar gehört – wie bei manchen Vorlieben des Surrealismus – ein Fonds von Vulgarität zum Regenschirm, doch das Mysterium der unsichtbar gewordenen Banalität, des Gegenstandes ganz außerhalb romantischer Zuschreibungskonventionen lädt ihn wieder mit einer eigenen Aura auf. Nicht umsonst führt die berühmte Metaphernreihe Lautréamonts, die das Schöne benennt, ihn und eine Nähmaschine »auf einem Operationstisch« zusammen; nicht umsonst füllt sich der Himmel Magrittes mit Regenschirmen. Vielleicht kommt diese Privilegierung auch daher, daß der Regenschirm von heterogenen Möglichkeiten zu vibrieren scheint. Winnie-the-Pooh kann bei Wassernot aus dem aufgespannt-umgestülpten Schirm ein Boot improvisieren (dieses erhält von Christopher Robin den Ehrennamen *The Brain of Pooh*, während Pooh selbst den Honigtopf, auf dem er reitend hergepaddelt war, *The Floating Bear* genannt hatte). Andererseits kann der bulgarische Geheimdienst einen in seiner Spitze vergifteten Regenschirm als Mordwerkzeug einsetzen.

*

Ach, so im rauschenden Regen
Wieder heim zu den Büchern gehn –
JAKOB HARINGER

Moi, j'aime bien la pluie quand elle est très, très forte, parce qu'alors je ne vais pas à l'école et je reste à la maison et je joue au train électrique.
SEMPÉ / GOSCINNY, *Le petit Nicolas et les copains*

Der Regen läßt uns das Zimmer genießen. Er ist ein Hinweis darauf, wie sehr wir zwischen Draußen und Drinnen leben. Er gehört zum Dekor der schönen Melancholie (»Il pleut dans mon cœur«), er ist das Agens der Besinnung, der inneren Sammlung. Der Regen lehrt die Häuslichkeit schätzen und den verwandelten Blick aus dem Fenster.

Die zauberischste Evokation des Regens sieht man auf einem alten Emblem, das sich in dem monumentalen Handbuch von Arthur Henkel und Albrecht Schöne Sp. 446–7 findet (aus Joachim Camerarius' *Symbolorum & emblematum … centuria altera*, Nürnberg 1559). Zwei Bären tanzen, einander zugewandt, in freier Landschaft unter einer regnenden Wolke. Das Bild steht unter der Devise SERENABIT. Das Motto lautet: »Quaeris cur saliant pluviis? spes certa sereni est: / Hac tu confisus, pelle animi nebulas.« (Etwa: Warum tanzen die im Regen? Es gibt sichere Hoffnung auf gutes Wetter. Darauf vertrau auch du und verjage die Wolken aus deinem Sinn.) Es wäre allerdings unangemessen, lediglich zu sagen: Das Gute am Regen ist, daß er wieder aufhört. Das Gute – die Güte – des Regens ist es, daß er aufhört und wieder anfängt. »Solange die Erde steht …«: Gott gibt Noah nach dem Verrinnen der Sintflut eine Zusicherung, es »sol nicht auffhören / Samen und Ernd / Frost und Hitz / Sommer und Winter / Tag und Nacht« (Luthers Übersetzung). Den Regen erwähnt der HERR nicht, das wäre auch indiskret, nachdem soeben alles Leben auf der

Erde mit Ausnahme des in der Arche Geborgenen in dem »vierzig tag und vierzig nacht« aus den Fenstern des Himmels strömenden Regen ersoffen ist. Aber er setzt zum Zeichen, daß es nie wieder vorkommen wird, den Regenbogen, der übrigens auch als Zeichen eines Bundes mit den Tieren aufgerichtet ist – eine erstaunliche und vielleicht von der theologischen Spekulation noch nicht hinreichend bearbeitete Aussage.

Der Regen ist trotz dieser Vernichtungskraft die zarteste Form, in der die Naturgewalt begegnet. (Wir wissen, daß er sich immer wieder zu einer genuin katastrophischen Macht steigern kann, doch geschieht das fast immer »anderswo«, wir dürfen uns über ihn ärgern und brauchen ihn nicht zu fürchten.) Wir bauen ihn in das Theater unseres Alltags ein. Er irritiert uns und tröstet uns, er stellt Spiegel um uns auf. Vielleicht fliegen wir eines Tages mit ihm davon. Aber großer Ekstasen bedarf es da eigentlich nicht: Das heimliche »Denken Sie nur, es regnet« genügt, die sich erneuernde behagliche Unbehaglichkeit. Und der wunderbare Augenblick nach dem Regen: »Der Regen hat gänzlich aufgehört. Überall Sonne. Alle Arten von Wesen.« (Victor Hugo, *La forêt mouillée*). Im Regen konzentriert man sich auf sich selber, den in sich zusammengeduckten Passanten. Wenn er aufgehört hat, sind wir wieder von »allen Arten von Wesen« umringt.

Der Halbschlaf. Poetik einer ungewissen Zone

»Er träumt jetzt«, sagte Tweedledee, »und was glaubst du, wovon er träumt?«
Alice sagte: »Niemand kann das raten.«
»Na, von dir!« rief Tweedledee und klatschte triumphierend in die Hände. »Und wenn er aufhören würde, von dir zu träumen, was glaubst du denn, wo du dann wärst!« [...]
»Ich bin aber wirklich!« sagte Alice und fing an zu weinen.
»Du machst dich kein bißchen wirklicher, indem du weinst«, bemerkte Tweedledee, »hier gibt es nichts zum Weinen.«
»Wenn ich nicht wirklich wäre«, sagte Alice (und lachte halb unter Tränen, es schien alles so lächerlich), »dann könnte ich ja gar nicht weinen.«
»Du nimmst doch hoffentlich nicht an, daß das wirkliche Tränen sind?« unterbrach sie Tweedledum im Tonfall tiefer Verachtung.

LEWIS CARROLL, *Through the Looking-Glass*, Kapitel IV

Wer träumt, wer wacht? Der Traum ist die Gegenwelt, das Wachen die Gegenwelt der Gegenwelt, dazwischen liegt für Sekunden, Minuten, Stunden eine Zone der Verwirrung und paradoxen Überwachheit, des Hinüberchangierens in die andere Welt. Die Zeit des Eintretens in den Schlaf, die Phase, in der man fast schon eingeschlafen ist, aber nicht ganz – sie findet ihre Entsprechung und Ergänzung in jener, da man noch nicht völlig erwacht ist, in der Zeitspanne, da man dem Traum – vor allem wenn er schön, rätselhaft, auf unklare Weise beunruhigend war – nachschmeckt. Dies ist der flüchtige Augenblick der Plastizität der Wünsche, des Erstaunens über sich selbst, des Erzitterns vor einer Nuance des entronnenen Traumes. Zu den köstlichsten Traumerfahrungen mag es übrigens gehören, wenn dem Erwachten der seltene Erfolg zuteil wird, daß es gelingt, noch einmal versinkend an den Traum wieder anzuknüpfen, dem man sehnsüchtig nachgesehen hat – noch einmal einzuschlafen und eine Fortsetzung zu verfassen, zu erleben. Es ist nicht nur dieses Glück der Anknüpfung, es legiert sich damit das triumphale Gefühl von Macht über die Phantasiewelt, die ausnahmsweise lenkbar wird. So scheint das fremde Glück des Traums sogar ein wenig in die Realität vorzudringen. Die schönste Chiffre für das Hineinstrahlen des Traumes in die Welt nach dem Erwachen findet sich in Chestertons anarchischem Verschwörungsroman *Der Mann, der Donnerstag war*, wo bei dem letzten zeremoniellen Zusammentreffen, da der Sonntag die Fragen der Wochentage nach dem Sinn des Universums anhört, auf einem seltsamen großen Fest irgendwo in einer pastoralen Einsamkeit die ganze Welt miteinander zu tanzen beginnt, auf einem Kostümball, wo die Elfe sich mit dem Briefkasten und das Bauernmädchen sich mit dem Mond dreht. Und dann heißt es von dem Protagonisten dieser wundersamen Erzählung: »Und lange danach, als Syme schon in mittleren Jahren war und Ruhe gefunden hatte, konnte er nie eines jener Objekte sehen – eine Straßenlaterne, einen Apfelbaum, eine Windmühle –, ohne zu denken, es sei ein verlaufener Festgast aus dieser Maskenfeier.« In diesen Sätzen ist eine Vision eingefangen: über die ganze Welt sind die Bruchstücke eines großen unbegreiflichen Glückstraums verstreut, eines Traums, in dem wir einmal umhergegangen sind, mit anderen. Daß der Traum »zugänglich« sein könnte, wie es manche Witze albern und profund zugleich suggerieren (»Ich hab geträumt, wir waren in Budapest … Ja und, was war da? – Na, du warst doch dabei!«), ist utopisch. Aber im Hin und Her einer solchen Verknüpfung spiegelt sich das Halbschlaferlebnis.

Das, was die Psychologie »Tagesreste« nennt, wird vom Traum verdaut und umgewandelt. Im Bezirk des Halbschlafs dagegen herrscht das Ineinander zweier Sphären, weder ganz Schlaf noch vollständige Wachheit, und beide Bereiche behalten dabei ihre Autonomie. Sollte man noch einmal darauf hinweisen, daß der Halbschlaf verblüffenderweise ein konstitutives Moment einiger der größten kanonischen Texte der klassischen Moderne ist, und Molly Bloom zitieren, das Früh-ins-Bett der *Recherche*, Gregor Samsas Schwierigkeiten, das Bett zu verlassen? Die Autonomie der Welten im Halbschlaf erlaubt einen Agon von Schlaf und Wachheit. Der Traum will es immer besser machen, er glaubt dem Wachen nicht. »Aber mein Herr, wie können Sie so etwas von mir denken!« – so läßt Gogol eine Prostituierte der Tageswelt im Traum den naiven Schläfer anschluchzen. Der Traum will es anders wissen. Der Halbschlaf wägt die konkurrierenden Ansprüche von Schlaf und Wachen unparteiisch ab.

*

> Zwischen »es träumte mir« und »ich träumte« liegen die Weltalter. Aber was ist wahrer? So wenig die Geister den Traum senden, so wenig ist es das Ich, das träumt.
>
> THEODOR W. ADORNO, *Minima Moralia*, 122

Schreibt man dem Halbschlaf eine besondere Bedeutung zu und sieht man in ihm nicht nur eine konfuse Leerstelle, so schlägt man sich auf die Seite der Romantiker, welche die Sphäre des Traums privilegieren, den Bezirken verminderter Wachheit eine höhere wie tiefere Einsicht zuordnen und ein sehnsüchtiges Interesse am »Nachtseitigen« nehmen – am magnetischen Schlaf, der Somnambulie, der Hellsichtigkeit. Aber man geht damit doch nicht ganz und gar auf die Position der Romantik über, wie dies mit einer Ästhetik des reinen Traums geschähe. Denn der Halbschlaf wirft immer Blicke zurück ins Wachen, er streicht unordentlich zwischen den Sphären hin und her, unrein vermengen sie sich unter seiner Ägide. Am Halbschlaf mag sich noch einmal das alte romantisch-surrealistische Interesse an den »Grenzzuständen« sammeln, aber die einzige Grenze, die es hier in Wahrheit noch gibt, ist unsere alltägliche, tausendmal erschöpft oder mürrisch überquerte – die zwischen Wachen und Schlaf und Schlaf und Wachen. Doch dehnt sich an dieser Grenze um die vertrauten Übergänge her eine Nebelzone, man operiert hier in einem Niemandsland zwischen den Fronten von Aufklärung und Irrationalismus. Verschiedene strategische Höhlensysteme sind hier angelegt, alle im Zeichen eines Opportunismus der Kognition. Wenn der Traum seine eigene romantisch-surrealistische Poetik hat (»Le poète travaille«) und man versuchte, den Halbschlaf ästhetisch von der Logik des Traumes abzugrenzen, so dürfte sich ergeben, daß, sehr grob gesagt, der Traum einem Prinzip der Verwandlung folgt, der Halbschlaf einem des Bruchs. In beiden berühren sich einander fremde Dinge, aber der Traum stiftet seine seltsamen Allianzen zwischen ihnen, der Halbschlaf reibt sie unbehaglich rauh aneinander. Mit dieser »Brüchigkeit« ist der Halbschlaf noch näher als der Traum an der Funktionslogik des Phantastischen, faßt man dieses ästhetische Genre mit Todorov als eine Form des gezielten Bruchs zwischen zwei Realitätsebenen auf. Der Halbschlaf wäre dann in seinen harten Fügungen subversiver als der Traum, der mit eleganter Servilität alles in sein eigenes Ragout einzukochen versteht.

Der Halbschlaf ist also bei weitem nicht wie der Traum, so viele Züge er auch mit ihm teilen mag, er ist sein konfuser und unberechenbarer Vetter, nicht so begabt wie jener, aber unter Umständen mit besseren – erstaunlichen – Beziehungen. Er ist der Ort einer brutaleren Vermengung und Dissoziation, er arbeitet stärker als der Traum, der ja immer »erzählen« will und den Schlaf hüten muß, mit schroffer Montage. In der Tat wären die Montageklassiker des Surrealismus wie Max Ernsts *Semaine de bonté*, so sehr ihre Krinolinenmonstra an den Traum erinnern, durch die lakonische Gewalt ihrer Konfrontationsmechanik auch ideale Illustrationen der Kreuzungs- und Überklebungsprozesse im Halbschlafreich.

»Ich schlafe nicht und wache nicht, und im Halbtraum vermischt sich in meiner Seele Erlebtes mit Gelesenem und Gehörtem, wie Ströme von verschiedener Farbe und Klarheit zusammenfließen ... Zuweilen fahre ich empor aus dem Dämmer dieser hellen Träume und sehe für einen Augenblick wiederum den Mondschein auf dem gebauschten Fußende meiner Decke liegen wie einen großen, hellen, flachen Stein ...« Das sind Sätze aus dem Beginn von Gustav Meyrinks *Golem*, und wie hier der flache Stein, der aus Mondschein besteht, für den Halbschläfer irritierenderweise auch jener Stein ist, den in einer buddhistischen Legende eine Krähe für ein Stück Fett hält, wie aus diesem Stein die glatten Kiesel eines ausgetrockneten Flussbettes hervorgehen, das der Halbträumer unruhig durchwandert, wie ein ganzer Roman aus diesem Stück Mondlicht erwächst, bis nach unendlichem wirrem Rätsel, unendlicher Mühsal der Erzähler vom Dach eines brennenden Hauses fällt, sich an einem Fenstersims festkrallt, keinen Halt findet, weil der Stein glatt ist wie ein Stück Fett, so daß er erwacht – : dies macht Meyrinks Roman zur größten Halbschlafphantasie unserer Literatur, dem Halbschlafroman *par excellence*. Es ist sehr schade, daß wir über die Entstehung dieses Textes – der anscheinend einmal *Der Stein der Tiefe* heißen sollte, mit dem ebenfalls suggestiven Untertitel *Ein Guckkasten* – so wenig Definitives wissen, und es wäre ein faszinierendes Detail zur Halbschlafpoetik, wenn sich Max Krells Bericht bestätigen ließe, daß der Autor selbst tatsächlich unfähig war, den oneirisch ausufernden Romanplan mit seinem Personengewimmel zu einer überblickbaren Form zu ordnen, und dazu der Hilfe Felix Noeggeraths bedurfte. Meyrink ist überhaupt ein schwierig zu fassender Autor. Er steigert sich manchmal – selten zwar, aber es geschieht doch immer wieder – zu Sätzen, die einen ungläubigen kleinen *frisson* beim Leser auslösen: »Und da fiel mir etwas Wichtiges aus der Vergangenheit ein – das ich sogleich wieder vergaß.« Er stellt auch die Verbindung zwischen Halbschlaf und Fieber her. Er hat sich schließlich im Zwielicht zwischen Kolportage, Mystik und Scharlatanerie nicht mehr zurechtgefunden, aber er hat aus dieser Dämmerwelt einige merkwürdige, widersprüchlich zerkratzte Fundsachen mitgebracht.

*

> … und seh in der Tapete / ein klagendes Gesicht.
> KARL KRAUS, Vor dem Schlaf

Karl Kraus, der in satirischen Schläfrigkeits-Phantasmagorien die Welt der Waren und Plakate einen kulanten Weltuntergang aufführen ließ, der die Kontinuität des Träumens als Gegenströmung zum Tag beschworen hat (»… hängt wieder an dem Flaum / des Bettes der am Tag vergeßne Traum«), der den Traum als unbedingten Ratgeber verehrte, welcher sogar die Todfeindschaften des Tages stürzen konnte – er hat häufig in Gedichten oder Glossen die paradoxe Autonomie des Halbschlafzustandes evoziert. Er hat das Wort »Halbschlaf« über ein Gedicht gesetzt, in dem es als wunderbare Beschwörung des ungewissen Hin und Her dieser Erlebnisform heißt: »Hab ich geschlafen? Eben schlaf' ich ein, / und nun verwaltet mich ein anderer Sinn, / noch bin ich außerhalb, schon bin ich drin, / noch weiß ich es, und füge schon mich drein.« Auch in dieses Gedicht dringen die von ihm oft geschilderten hypnagogischen Figuren vor, Gesichtshalluzinationen, die das Heraufdringen des Schlafes ankündigen: »und an den Wänden wird es bunt und laut«. Wie die Jaktationen, die unwillkürlichen Zuckungen von Gliedmaßen vor dem Einschlafen, sind diese Bilder Herolde des Schlafes, aber in ihrer bedeutungsvollen Bizarrerie auch schon Teil von ihm. Der Halbschlaf aber, in dem sie auftauchen, ist eine doppelte Wachheit, hinter den halbgeschlossenen Lidern wohnt der unbestechliche Blick, der zwischen der Logik von Wachheit und Schlaf unparteiisch hin und her wandert. Es ist der Blick jener Zerstreutheit, der nichts entgeht.

Vielleicht müßte man der Begriffsgeschichte von »(sich) zerstreuen« ohnehin ein neues Kapitel schreiben. Ursprünglich war dies eine tadelnde Bezeichnung für die Ablenkung von Gott, vor allem im Pietismus wirksam, und seit dem achtzehnten Jahrhundert, unter dem Einfluß des französischen »distrait«, das Wort für die müßige oder auch leicht desperate Suche nach Unterhaltung (»Zerstreuung«), schließlich einfach trivial ein Synonym für Mangel an Konzentration (»Zerstreutheit«). Nun scheint das Wort im zwanzigsten Jahrhundert – »Zerstreutes Hinausschaun« – schon in der Nähe einer neuen paradoxen Bedeutung angekommen zu sein: Der Zerstreute ist besonders disponiert für die Überraschung einer Wahrnehmung, er hat seine Kognition so zerteilt und aufgefächert, daß er unwillkürlich bemerkt, was dem Konzentrierten entgeht. Er gewinnt besondere Klarheit durch die subliminale Aufsplitterung seines Interesses ins Weite.

Was illustriert diese schläfrige Luzidität am schönsten? In Puschkins kleiner Anekdotensammlung aus den frühen dreißiger Jahren, der er ein wenig irreführend nach Hazlitts Vorbild den Titel *Table Talk* gab, findet sich eine Geschichte über Potemkin. Der große Günstling

Katharinas II. war bei der Niederschrift erst etwa vierzig Jahre tot, an anderer Stelle hält die *Table Talk*-Sammlung Geschichten von Begegnungen mit ihm fest, die Puschkin direkt von seinen Zeitgenossen erfuhr. Die XVIII. Anekdote besitzt, nicht zuletzt durch Blochs Nacherzählung in den *Spuren*, fast eine gewisse Berühmtheit: Sie zeigt den hypochondrischen Höfling, wie er bei einem seiner häufigen Anfälle lethargischer Melancholie tage- und nächtelang untätig in seinen Räumen sitzt. Stöße von Akten sammeln sich an, die aufs dringlichste seine Unterschrift benötigen, der Verwaltungsapparat verzweifelt. Aber niemand traut sich, zu Potemkin hineinzugehen. Ein junger, couragierter Mensch namens Petuschkow wagt es endlich, die Beamtenschar wartet voll gespannter Unruhe draußen. Drinnen sitzt Potemkin, »barfuß, ungekämmt und nachdenklich an den Nägeln kauend«. Petuschkow legt ihm die Akten vor. Potemkin unterschreibt sie stumm eine nach der anderen. Im Triumph kehrt der junge Mann aus den Gemächern des Mächtigen zurück, man umdrängt ihn, man beglückwünscht ihn. Einer sieht sich die Akten genauer an: Sie sind allesamt unterschrieben mit »Petuschkow«, »Petuschkow«, »Petuschkow« ... Das Geheimnis dieser Anekdote rührt daher, daß wir – und das Opfer und die begeisterte, bestürzte, höhnische Kollegenschar – nicht genau wissen, ob diese Unterschrift ein böser Witz ist, eine sardonische Zurechtweisung des Ruhestörers, oder aber eine »ordentliche« Geste der höheren Abwesenheit, die quasi höflich-hilfreich dem subalternen Beamten hilft, seine Papiere zu signieren. Wir wissen es nicht und können es nicht wissen, wie diese Möglichkeiten sich hier verbunden und ineinander verschlungen haben. Jedenfalls ist das rasche, willige, fatale Unterschreiben faszinierend, weil es uns den scheinbar vollkommen Abwesenden zeigt, wie er stumm und nebenbei (mit einer Geste stupender Einfachheit) die Situation beherrscht. Merkwürdigerweise lenkt Bloch die Aufmerksamkeit des Lesers vor allem auf die Paradoxie, daß Potemkin, der vom Schicksal so begünstigte, glücklichste Mann, der Melancholie verfällt und »im Nebel wühlt« – hätte die Geschichte doch genauso und fast besser in der Nähe eines anderen Zentralmotivs seiner *Spuren* angesiedelt werden können, dem der unbegreiflich richtig zugreifenden Beiläufigkeit. Diesen Topos (der so etwas wie der unsichtbare Mittelpunkt einer Metaphysik der Zerstreutheit sein könnte) illustriert eine charakteristische Erzählung, deren Pointe die treffende Geste bei vollkommener Abwesenheit ist: die nervöse Zerstreutheit des Baalschem, der dem sich verabschiedenden Reisenden, der voll böser Ahnung um einen Talisman bittet, die Kerze hinreicht, die gerade als einziges auf dem sonst leeren Tisch steht, und dem Bittsteller damit tatsächlich das Leben rettet, als dieser unter Mörder gerät.

*

> Was hast du meinem Schlaf zu sagen?
> RICHARD WAGNER, *Götterdämmerung*

Sozial gesehen ist das Gähnen eine Unhöflichkeit. Die uns Umgebenden sollen eigentlich nicht erfahren, daß wir uns in ihrer Gegenwart langweilen. Manche reagieren noch aus anderem Grund fast panikartig auf den Gähnenden: Diese Geste hat eine infizierende Kraft, man muß sich ihr anschließen; schon gähnt man selber. Da ist die eigene Müdigkeit zum Vorschein gekommen, die man vergessen und überwinden wollte, die eigene Bereitschaft, in die Dämmerzone abzusinken. Dieser mächtigen mimetischen Verlockung wegen führt das Gähnen eines einzelnen Anwesenden oft zu einer Kettenreaktion, zu deren Komik der gespielte oder reale Ärger der Angesteckten beiträgt. Aber man gähnt ja auch, wenn man alleine ist und »sich« langweilt.

»Wenn Tiere gähnen, haben sie ein menschliches Gesicht«, hat Kraus notiert. Stimmt das? Insofern, als die Überwältigung durch den Muskelriktus Tier und Mensch in einem Augenblick der Hilflosigkeit vereint. Die Physiognomik des Gähnenden zeigt im Kontext gewaltiger muskulärer Anstrengung, daß sich die Augen schließen: Der Blick geht ins Innere. Der Mund öffnet sich weit und immer weiter: Was will er? Er will aufnehmen … Und die Hand geht (beim Menschen) vor den Mund, so haben wir es gelernt. Die Höflichkeit will den Umstehenden den Anblick der fremden Mundhöhle ersparen. Aber das ist schon eine späte Rationalisierung, der eigentliche Grund (so lehren uns die Ethnologie und die Religionsgeschichte) ist viel älter: Es dauert in dieser Geste ein alter Aberglaube fort, eine Angst, in diesem Augenblick körperlicher Verzerrung und Erschlaffung könne etwas Ungebetenes von außen in uns eindringen, durch die weit aufgesperrte Körperöffnung. Die vorgehaltene Hand ist eine apotropäische Geste, eine blockierende Schutzbewegung. Doch ist sie vergeblich, denn das Gähnen zeigt an, daß der Schlafdämon seine Wohnung bereits in uns aufgeschlagen hat.

Wer die Überwältigung durch den Schlaf nahen fühlt, verliert die Kontrolle. Die Welt wird ein unsicherer Ort. In der souveränen Erzählung »Cavaliere Huscher oder von Ybs verhängnisvolle Meerfahrt« (1921) von Fritz von Herzmanovsky-Orlando werden die ungeheure Erscheinung des endlos blauen Meeres in der Mülltonne, des »Unendlichen im Misttrüherl«, und alle folgenden fatalen Ereignisse eingeleitet mit der todmüden Ankunft in einem düsteren Genua. »Dort begab er sich sofort in den von einigen summenden Gasflammen beleuchteten Speisesaal. Schon halb schlummernd nahm er ein Nachtmahl zu sich und bemerkte, von heißen Schlafwellen immer wieder fast ums Bewußtsein gebracht, daß einige müde Kellnergestalten, ungeheuren Flöhen unterm Mikroskop nicht unähnlich, sich von dem ins Dunkle verlorenen Hintergrunde des Saales gerade noch abhoben. – Als er das Mahl beendet hatte, winkte er den Obersten dieser Schemen herbei und fragte, schlaftrunken stammelnd, ob er noch schnell das Meer sehen könne« ... Wie wenige andere Stellen unserer Literatur macht diese Geschichte klar, was das schöne Wort von der »Schlaftrunkenheit« in sich birgt und wohin einen die »heißen Schlafwellen« spülen mögen: Diese Szene macht den Halbschlaf zum Ort einer ambivalenten Epiphanie.

Seltsame oder unheimliche Geschichten, zu deren Reglement es gehört, daß sie meist in der trivialen Gesichertheit eines Alltagsambiente beginnen, dem man nichts Merkwürdiges ablesen könnte, dekorieren den unmerklichen Moment des Übergangs gerne mit etwas Schläfrigkeit. Die vielleicht berühmteste literarische Frühform dessen, was die empirische Kulturwissenschaft heute als »urban legends« sammelt und in launigen Sammlungen à la »Die Spinne in der Yuccapalme« unter die Leute bringt, ist Ralph Straus' Erzählung »The Most Maddening Story in the World«. Es ist dies die Geschichte von der jungen Frau, die mit ihrer Mutter in einem Hotel in Paris absteigt; die Damen bekommen nur noch zwei getrennte Zimmer, die Tochter legt sich ein wenig hin; als sie »zehn Minuten vor Mitternacht« aufwacht und ein Stockwerk tiefer in das Zimmer ihrer Mutter geht, ist es leer und unbewohnt und die Hotelangestellten behaupten unerschütterlich, sie sei doch ganz allein angekommen. Die zugleich unheimliche und triviale Lösung dieses Rätsels ist gleichgültig; das hier geschilderte Entgleiten des festgefügten Weltzusammenhanges nicht. Und der Schlüsselsatz, der – als der Leser noch gar nichts Böses zu ahnen hätte – das erste Alarmlämpchen aufblinken läßt, lautet »She was feeling particularly drowsy«. Dieses Gefühl einer besonderen Schläfrigkeit hilft, die Welt zu subvertieren.

Viele dieser »urban legends« haben ihren Angelpunkt in einem solchen Moment der Zerstreuung, der Unaufmerksamkeit, der Schläfrigkeit. Wenn man nicht ständig achtgibt ...! Dies ist das Ethos eines mißtrauischen Tagesbewußtseins, das ständig im Dienst ist. Aber hinter diesem besorgten Verbot, jemals »abwesend« zu sein, liegt schon eine Art sehnsüchtiger Mystik der Unaufmerksamkeit, des zerstreuten Augenblicks, durch dessen Einfallstor alles eindringen kann, was wir sowohl fürchten wie wünschen. Denn wir wollen ja, daß uns diese bizarren Abenteuer und Tragödien zustoßen: und dazu reichte es anscheinend, wenn wir einmal nicht achtgeben. Dieses »einmal« der fehlgehenden Minute – unvergeßlich in Kafkas Halbsatz »Einmal dem Fehlläuten der Nachtglocke gefolgt« – ist ominös. Ein einziger Mißgriff genügt. Auf prosaische Weise (und bei aller elaborierten Romankonstruktion von gespenstischer Plausibilität) hat dies noch einmal Tom Wolfe in *The Bonfire of the Vanities* vorgeführt: Dieser ganze lange Roman ist nichts anderes als die Beschreibung der furchtbaren Folgen eines einzigen zerstreuten Moments. Eine Abfahrt auf dem Weg vom Flughafen in die Stadt verfehlt, und das Leben sinkt zu einem Scherbenhaufen zusammen. Glänzend komisch, aber sehr bedenklich.

*

> »Wenn im Traum, und das passiert mir immer wieder, irgend so ein Untier oder sonst eine blöde Sau auf mich zurennt! … dann denk ich mir immer im Traum – versteh mich bitte! – im Traum denk ich mir dann: geh nur her, du Arschgesicht, geh nur her, wenn du da bist, wach ich auf!«
>
> ECKHARD HENSCHEID, *Geht in Ordnung – sowieso – – genau – – –*

Manchmal – selten, aber einprägsam – ist man im Traum in jene Sphäre versetzt, »wo das Wünschen noch geholfen hat«. Diese Magie ist an der Kante zum Wachen in Kraft, in einem Schlaf, der zwar noch nicht geendet und den Traum gebrochen hat, aber schon durchsetzt ist von der rational zu nennenden Reflexion: Ich schlafe ja nur; wenn es wirklich unangenehm wird, kann ich aufwachen. Träumt man wiederum, daß man bereits erwacht ist, dürfte das ein unschuldiger Trick der sich räkelnden Schlafverliebtheit sein: Das Kind träumt, daß die Mutter es weckt, daß es aufsteht, sich wäscht, frühstückt – alles ein wenig verschoben und eigenartig, aber plausibel – und sich für den Schulweg vorbereitet. Nur um das Erwachen zu vermeiden, durch trügerische Vorwegnahme, durch die List eines vorauseilenden Gehorsams, der eigentlich Sabotage ist. Die literarische oder filmische Kippfigur dieses Vorgangs ist das bloß vermeintliche Erwachen aus einem Alptraum, ein Erwachen, das diesen nur verlängert und unentrinnbar zu ihm gehört. Diese Labyrinthspiele des Traumes schattieren in den Halbschlaf hinein, weil sie wie er immer die Grenze zum Wachen berühren und seine träg-scharfsinnigen Ungewißheiten spiegeln.

Zwanghaft erfüllt sich die Definition von »Halb-Schlaf«, wenn wir abwechselnd in rascher Folge schlafen und wachen. Manchmal erwacht man tatsächlich immer wieder, jedoch nicht wirklich zu einer vom Schlaf getrennten Bewußtheit – man fällt sofort wieder in den Schlaf zurück, und die seriellen Augenblicke der Wachheit bilden so etwas wie eine merkwürdige Kulisse des stets wieder ansetzenden, sich meist an derselben Wunsch- oder Angststelle abarbeitenden Träumens. Sehr lakonisch und beunruhigend hat Daniil Charms einmal 1939 einen solchen Prozeß geschildert, beginnend mit dem Satz: »Kalugin schlief ein und träumte, er sitze im Gebüsch, und an dem Gebüsch vorbei gehe ein Milizionär.« Dieser Traum durchläuft Wiederholungen und Permutationen: »... und träumte, er sitze hinter einem Milizionär, und vorbei gehe ein Gebüsch.« Darauf folgt der Satz: »Kalugin schrie auf und warf sich auf dem Bett hin und her, konnte aber nicht mehr aufwachen.« Und die Geschichte, die nur eine Seite lang ist, durchläuft ihre Bahn bis zu dem Satz: »Sie packten Kalugin zusammen und schafften ihn wie Kehricht hinaus.«

*

> Sie kennen meine Methode. Sie hat zur Grundlage
> die Beobachtung von Kleinigkeiten.
> CONAN DOYLE, The Boscombe Valley Mystery

Zur Poetik des Halbschlafs, der Schlafgrenze, gehört die paradoxe Überreizung durch den Schlafentzug, die Luzidität der Übernächtigung. Ist man dem Schlaf sehr lange ausgewichen, stellt sich ein eigenartiger Zustand des teilweisen Kontrollverlustes her, der zu unerwarteten Gedanken führen kann. (Mit diesen Gedanken geht es so wie mit jenen Sätzen, die man aus einem Traum herüberrettet und mitten in der Nacht aufschreibt, um ihre fast magische Kraft nicht zu verlieren: Im Morgenlicht sind sie manchmal trivial, manchmal unfreiwillig komisch, gelegentlich allerdings erstaunlich.) Martin Amis läßt einen Romanerzähler *en passant* bemerken, die Übernächtigung sei ja eigentlich die billigste Droge. In der Tat kann man ohne die Einverleibung »bewußtseinserweiternder Substanzen« durch ein wenig Schlafentzug die kuriosesten Selbstbeobachtungen anstellen: Kleine visuelle und auditive Halluzinationen, plötzliche beunruhigende Registersprünge der Wahrnehmung und Reflexion. Und man kann eine neue Konzentration inmitten der Schläfrigkeit fühlen. Dann wird die Anrufung aus dem schönen Gedicht »O Müdigkeit, du meine liebe Frau« von Adrien Turel wahr, das mit den Worten beginnt:

> Du Gattin meiner Werke, Müdigkeit.
> Fast so wie Tod und Schlaf ist mir Ermüdung
> Ein Quell der Taten –

Daß der fast schon in die Erschöpfung sackende Halbschlaf ein »Quell der Taten« sein soll, ist eine unerwartete Paradoxie, da wir doch alle den Zustand des hereinbrechenden Schlafwunsches kennen: weit eher lähmt er Körper und Geistesfunktionen, als daß er sie zur Tat führt. Aber was Turel hier sehr genau bezeichnet, ist die bewußte Konfrontation mit dem Schwinden der Wachheit: »Ich bade in Gefahren süßen Schlafs.« Ist dies das eigentliche Geheimnis des Halbschlafs, daß er uns ermöglicht, bewußt auf der Grenze zu stehen und den Lockungen der Ermüdung zu lauschen, ohne ihnen (für den Moment) nachgegeben zu haben? Lernen wir uns durch bewußte Müdigkeit kennen? Nirgendwo ist man sich der Abhängigkeit vom Schlaf so gewiß und empfindet ihre zeitweilige Niederringung so lustvoll wie im Zustand der Übernächtigung.

Zu den eigenartigsten Reflexionen der *Minima Moralia* gehört eine leidenschaftlich hervorbrechende Apologie des »bürgerlichen« Bettes, mit aggressivem Hohn auf das moderne Design und seine fußbodennahen Liegen und Polster: »Der moderne Mensch wünscht nahe am Boden zu schlafen wie ein Tier, hat … mit dem Bett die Schwelle von Wachen und Traum abgeschafft.« Daß diese Schwelle nur die Gestalt des traditionell hohen Bettes annehmen kann, hätte man nicht unbedingt erwartet. Und es folgt noch ein Hieb, der aus dem Paradigmenwechsel der Wohnkultur mit jener diesen Aufzeichnungen eignenden absurden Umstandslosigkeit, die so großartig wie prekär ist, eine politische Diagnose ableitet: »Die Übernächtigen sind allezeit verfügbar und widerstandslos zu allem bereit, alert und bewußtlos zugleich.« (*Minima Moralia*, 18)

Vielleicht hätte dasselbe diagnostische Ingenium zu anderer Zeit sich denken können: Die Übernächtigen sind allezeit unbrauchbar und zu allem in der Lage.

Der Schlaf ist dem Wachen einmal näher, einmal ferner. Manche können überall einschlafen, wie Napoleon, andere flieht der Schlaf. Die einen wie die anderen mögen sich *en passant* in einer Zone einrichten, die vielleicht mehr Offenbarungen bereithält als der Traum.

Der Rauchtabak. Fixierung einer Gebärdensprache im Augenblick ihres Untergangs

Je suis la pipe d'un auteur;
On voit, à contempler ma mine
D'Abyssinienne ou de Cafrine,
Que mon maître est un grand fumeur.
BAUDELAIRE, La pipe

Wie ein Adler flieht der Rauch der Zigarette
ALEXANDER (ERNST HERBECK)

Das Rauchen ist weniger ein Genuß oder ein Laster als eine Gebärde. Der Verzicht auf diese Gestik – rational nicht anzufechten – gleicht dem Verlust einer Weltsprache. Ein solches Erlöschen eines historischen Gebärdensystems ist immer beklagenswert. Man könnte hier einen kleinen Exkurs dem Schnupfen widmen. Es genügte, eine Ballszene aus Herzmanovsky-Orlandos *Gaulschreck im Rosennetz* zu zitieren, in der ein phantastisches Rokoko seinen Platz in einer phantastischen Metternich-Zeit behauptet: »... während hinter den Majestäten der Marquis von Obizzi auf einem silbernen Bombardon, das ganz mit geätzten Liebesszenen aus Ovids Metamorphosen bedeckt war, ein dröhnendes rondo amoroso blies. – War er fertig, goß er das Instrument aus, blickte sich streng um, ob auch alle richtig zugehört hatten, und schnupfte funkelnden Staub aus einer kostbaren Dose von Goldemail, verziert mit Götterbildern, aus Edelsteinen kunstvoll geschnitten.« Der *Gaulschreck* ist übersät mit kleinen Schnupftabakstäubchen – so, wenn die Schosulan sich an den Maler Meytens erinnert: »Hat mit an Löfferl geschnupft. Satanellasco Damasceno und Sospiri di Donna Anna gemischt, an bisserl gepulverte Pomeranzenläus waren auch dabei. War a gute Mischung. Dös hat Ihnen gerochen! Wie a Bauerngartl im Frühling hat man's da in der Nasn ghabt! Kriegt man a nimmer! O, die Zeiten, die Zeiten!« Wir wollen nicht alle historischen Möglichkeiten des Nikotins unter unseren Schutz stellen; das Tabakkauen ist eine Sache für sich: »Der Alte begann wieder auf- und abzugehen und spritzte dabei die schwarze Tabaksjauche von sich.« (Storm, »Der Schimmelreiter«)

Kauen und Schnupfen sind dem Rauchen nachgeordnet, weil sie nicht den Wolkenhimmel des Tabakrauchs erzeugen, sondern nur den Speichelstrahl und das Niesen. Es ist ein interessantes, aber einleuchtendes Paradoxon, daß das Rauchen in völliger Dunkelheit unbefriedigend bleibt. Es ist ein großer Unterschied, ob man den eigenen Rauch sieht oder nicht; noch einmal ein Satz aus dem »Schimmelreiter«: »Der Knecht lehnte gegen den Türpfosten und rauchte aus seiner kurzen Pfeife, deren Rauch er schon nicht mehr sehen konnte …« Wenn es dunkel wird, wird das Rauchen anders. Zwar ist das Aufleuchten der Glut ein hübsches und geheimnisvolles Schauspiel, aber man sieht die Wolken des Rauchs nicht ziehen. »Die Septembernächte sind gut zum Rauchen. / Es muß hell sein zum Rauchen, das steht in den Dogmen« (Brecht, »Bidi im Herbst«). Der Raucher ist nämlich Produzent: des Gewölks. Das Rauchen ist eine ästhetisch überaus anmutige Produktionsweise. Beim Anblick der erstaunlich dichten, sich kräuselnden, verschwimmenden Wolken kann man Goethes Gedicht »Howards Ehrengedächtnis« – auf den »Erfinder der Wolken« – memorieren: Wie Streife steigt, sich ballt, zerflattert, fällt … (Goethe mochte den Tabak ostentativ nicht, das muß man an dieser Stelle anfügen. Es mag dies mit seiner eigenen Umerschaffung nach der Sturm- und Drang-Periode zusammenhängen.) Im Freien zeigt das rasche Durcheinandergeworfenwerden oder Hinfortjagen des Qualms die Windverhältnisse an und stellt den Raucher einen Augenblick lang in bewußter Wahrnehmung in die Erdatmosphäre.

Eines der eigenartigsten Bilder eines Rauchers ist das von Pieter Jacobsz. Codde, entstanden wohl Mitte der dreißiger Jahre des siebzehnten Jahrhunderts, heute in Lille – es wird kurz »Der Raucher« genannt, wenn auch vorgeschlagen wurde, das Gemälde als Allegorie der Zufriedenheit mit wenigem aufzufassen. Vor einer mit bravourös unauffälliger Sorgfalt gemalten hohen leeren Zimmerwand (an der kleine Flecken, ein Nagel, ein Nagelloch eine große visuelle Pointierung bekommen) sitzt auf einem Stuhl ein junger Mann in lässiger Haltung, das rechte Bein weit vorgestreckt, den linken Ellenbogen auf einen Tisch gestützt, wo neben einigen großen Büchern ein Hut liegt. Die linke Faust stützt den Kopf, der nachdenkliche Blick geht halb zum Tisch hinüber. Die rechte verdeckte Hand hält eine aufragende Tonpfeife. Die Subtilität des Bildes liegt in der Vielzahl von Möglichkeiten, den Gestus dieses Sitzenden zu interpretieren: Überdruß an den Scharteken (Faulheit), konzentriertes Überlegen (geistige Arbeit), Erschlaffung und Melancholie oder jene erwähnte Zufriedenheit mit Geringem. Bei letzterer Genügsamkeit wäre der Tabak natürlich von besonderer Bedeutung als jenes Kleine, das für vieles entschädigt, aber es ist interessant, daß man auch für alle anderen denkbaren Interpretationen viele Parallelbeispiele zitieren könnte, wo der Tabak für den Müßiggang steht, für die schöpferische Arbeit, für das Melancholische. Ein solches Bild – dem sich viele an die Seite stellen ließen – fixiert bei aller Ambiguität die Affinität des Rauchens zur Melancholie, zum Studium (gerade auch dann, wenn der Blick abschweift), zur Konzentration. Auch der Müßiggang könnte nachdenken. Der Raucher und die leere Fläche der Wand gehören zusammen: Wie sich die Luft mit Tabakrauch füllt, füllt das Hirn des Rauchers die leere Fläche.

Der berühmteste von allen Detektiven ist ikonisch durch seine große, geschwungene Pfeife definiert, ebenso wie durch seine Deerstalker-Mütze: Sherlock Holmes. Überhaupt rauchen nahezu alle der berühmten Detektive, die meisten stark, einige gelegentlich, aber mit Genuß (Father Brown). Die Abstinenten sind selten (unter den Berühmtheiten eigentlich nur Nero Wolfe, der als Gourmet den Tabak als Gefährdung des nuancierten Gaumens scheut). Marlowe braucht seine Zigarette ebenso wie Hercule Poirot – das zeigt, daß die Formen des Tabakrauchens völlig heterogene Charaktere und Lebenswelten zusammenbringen. Bei Holmes wird die Pfeife zum Zeitmaß des Raisonnements: Er spricht von einem »three-pipe-problem« – zurückgelehnt im Sessel wird der Raucher drei Pfeifen benötigen, um die Lösung einer bestimmten Frage zu erzielen. Maigret, der ein Beamter ist und kein genialischer Amateur, sitzt an seinem Büroschreibtisch – doch womit beginnt er dort den Tag? Mit dem Ordnen seiner Pfeifen, die, präzise nebeneinandergelegt, auch die Welt ordnen. In einer exakten Reihe scheinen sie die Lösung des Falles zu prophezeien oder zu garantieren.

Brecht hat an einer berühmten Gedichtstelle der Hoffnung Ausdruck gegeben, er möge beim zukünftigen Erdbeben »meine Virginia nicht ausgehen lassen durch Bitterkeit«. Das ist eine Chiffre für unerschütterliche Haltung, und zu deren Inszenierung eignet sich das Rauchen besonders gut. Wenn dann allerdings die Glut tatsächlich ausgeht, ist dies bedeutsam. Auf dem vierten Planeten, den Saint-Exupérys kleiner Prinz besucht, trifft er den »businessman« an. Die Signatur von dessen unermüdlich-sinnloser Tätigkeit ist ein Umstand, der dem *petit prince* als erstes auffällt. »Bonjour, lui dit celui-ci. Votre cigarette est éteinte.« Das Rauchen mag gelegentlich im Kriminalfilm das Zeichen der Hilflosigkeit sein – Lino Ventura in Verneuils *Le clan des Siciliens* (1969), der eigentlich mit dem Rauchen aufgehört hat, streckt blind die Hand wieder nach der Zigarette aus, als die

Nachricht eintrifft, daß Alain Delon aus dem Gefangenentransporter befreit worden ist. Aber in der Regel gehört das Rauchen zum normalen Geschäft und zur normalen Geschäftigkeit – Maigrets Pfeife, Nestor Burmas Zigarette.

Wie sehr die Konzentration auf ein schwieriges Problem einst, sozusagen, tabakförmig war, zeigt die berühmte Sequenz in Fritz Langs *M – eine Stadt jagt einen Mörder*, in der zwei Gruppen von Fachleuten sich mit einer schier unlösbaren Frage herumschlagen. Der Film schneidet hin und her zwischen dem Hotelzimmer, wo die Unterwelt tagt (die Beauftragten der Ringvereine), und dem Besprechungssaal im Polizeipräsidium, wo die Ordnungskräfte sich das Hirn zermartern, wie man endlich den Kindermörder fassen könne, der die Metropole Berlin in zunehmende Hysterie versetzt. Die Ganoven ihrerseits sind unerträglich irritiert durch die ständigen Razzien (und Gustav Gründgens steht schließlich auf und sagt: »*Wir* müssen ihn fangen.«). Und man sieht zwei Räume, hin und her, die sich zusehends mit Rauch gefüllt haben, denn was Unterwelt und Polizei vereint, das ist der Tabak. Der Einbrecher und der Falschspieler rauchen ebenso wie der Polizeioffizier und der Psychologe. Der ermittelnde Kommissar Lohmann, vulgär-gemütlich von Otto Wernicke gespielt, schneidet seine Zigarren mit der Papierschere ab; der Mörder (Peter Lorre) raucht nervös seine Zigaretten. Die erste Spur für die Polizei wird es sein, daß in Lorres Papierkorb bei einer routinemäßigen Untersuchung, wo er einer unter Dutzenden ist, eine leere Zigarettenschachtel gefunden wird … Marke Ariston, was Lohmann an zwei in der Nähe eines Tatorts gefundene Stummel denken läßt … In dieser Welt raucht man nicht nur ständig, die Geschichten werden auch auf der Logik des Rauchens aufgebaut.

In einer Szene aus *M* kann man übrigens auch ein heute nicht mehr geläufiges, aber in der Zwischenkriegszeit und noch in den mageren Jahren nach dem Zweiten Weltkrieg verbreitetes Verhalten sehen: Einer der Bettler, die Lorre verfolgen, hebt mit raschem Griff den weggeworfenen – noch glimmenden – Zigarrenstummel eines Passanten auf und marschiert paffend weiter. In einer Folge von E. C. Segars großem Comicstrip *Popeye* beziehungsweise *Thimble Theater* bemerkt der große Schnorrer Wimpy eine überaus attraktive weggeworfene Zigarre, die dazu einlädt, sie aufzuheben. Da er sich jedoch nicht die Blöße geben will, dies im Beisein eines anderen zu tun, und nicht als »Schnepfenjäger« *(snipe hunter)* dastehen möchte, wartet er mit zunehmender Verzweiflung und wachsendem Groll darauf, daß Popeye endlich weggeht, um den ratlosen Freund schließlich mit Schmähungen zu überschütten. Bei Segar – der sich gerne mit einer »redenden« kleinen Zigarre (phonetische Beinahe-Identität von *cigar* und Segar) unterzeichnete – finden sich viele Szenen aus der Folklore des Rauchens. Die Praxis des *snipe-hunting* ist Gegenstand einer superb komischen Szene in Chaplins *City Lights*. Der arme Schlucker Chaplin ist einem Millionär begegnet, der ihn in nächtlicher Betrunkenheit ins Herz geschlossen hat, tagsüber aber sich nicht erinnern kann, wer dieses abgerissene Individuum ist (im Wechsel von Sentimentalität und Zurückweisung ein Vorläufer von Herrn Puntila). Wieder wird es Nacht, wieder schließt der Millionär den Freund in die Arme. Er sorgt dafür, daß auch Chaplin einen Abendanzug bekommt, *en grande ténue* ziehen sie durch die Stadt, um morgens in dem riesigen teuren Auto des reichen Mannes heimzufahren. Der taumelt ins Vestibül, Chaplin wird von dem Butler, dem er verhaßt ist, zurückgestoßen, die Tür schließt sich. Er steht da im Morgenlicht, die Leute beginnen zur Arbeit zu gehen, und – schöne Leistung des Stummfilms – wir sehen, wie ihm der Tabakrauch der nun vorbeikommenden Passanten Lust macht, auch eine zu rauchen. Ein Herr mit schon ziemlich abgerauchter Zigarre naht. Chaplin springt in das Auto (hat nicht vorher sein Nachtfreund – in den Zwischentiteln – auf seine Bemerkung, dies sei ein hübscher Wagen, gerufen: »It's yours!« –?) und fährt dem Raucher hinterher. Die Pointe wird sozusagen aus der Perspektive eines auf dem Bürgersteig hockenden Bettlers erzählt, der sich anschickt, die nun tatsächlich weggeworfene Zigarre aufzuheben, als ein Luxusautomobil rasch am Straßenrand bremst, ein Mann mit Zylinder aussteigt, die Zigarre an sich reißt und ihn böse anfunkelt. Die Szene endet mit einer Halbtotalen auf das unendlich verblüffte – wie von einem geheimen Grauen erfüllte – Gesicht des hingekauerten Bettlers. In *The Gold-Rush* übrigens muß, als Chaplin nun selbst Millionär geworden ist, sein alter Partner gegen Ende des Films ihn daran hindern, reflexhaft einen daliegenden Zigarrenstummel aufzuheben. Chaplin ist für die Erinnerung der meisten Zuschauer wahrscheinlich nicht in starkem Maße durch seine Rauchergesten definiert, doch sie sind zahlreich und großartig: Wiederum in *City Lights* kommt er ins Gefängnis, wir sehen ihn von hinten, als er durch das große Tor geführt wird. Er wirft seine Zigarette in hohem, kalkuliertem Bogen solcherart hinter sich, daß seine emporzuckende Ferse den Stummel elegant wegkicken kann. Diese Geste ist eine Zäsur – jetzt beginnt die Haft – und gleichzeitig eine Souveränitätserklärung: Pah!

*

> VATER: A Zigarr'n fürn Buam, a ganz a leichte – weil er noch nie graucht hat! [...] Zünd's an Buam glei an, so Pepperl, zieg nur fest – – moanst net, *zum Ober* dass'n do z'reißt?
> KELLNER: Na, wir werden ja sehen!
> KARL VALENTIN, *Der Firmling*

Das Rauchen ist ein Gebärdenrepertoire und eine Identitätsstrategie. Im Verlauf des großartigen Romans *Take a Girl Like You* (1960) charakterisiert Kingsley Amis eine Nebenfigur durch ihre gestischen Marotten beim Zigarettenrauchen. Die demonstrative Genugtuung: »Dick Thompson lit a cigarette … and made absolutely no bones whatsoever about how much he was enjoying it« (Kapitel 1). Die überlegene Erfahrung: »… he put the cigarette in his mouth and lit it in a way that said he had smoked thousands of the things in his time« (Kapitel 8). Die Weisheit des Kenners: »… smoking a cigarette in one of the several ways he had, not the almost-unbearable-enjoyment one nor the old-smoking-campaigner one, but the wise, thoughtful one, as if he was the only person in the whole world who really knew about cigarettes« (Kapitel 15). Da die Soziologie oder die Alltagspsychologie sich mit der Frage der – beispielsweise – Zigarette als gebärdenbildendem Gegenstand nie systematisch befaßt haben, wird man in Zukunft bei der Rekonstruktion jener Jahrhunderte, als das Rauchen noch geholfen hat, auf die Romane und insbesondere auf die Kriminalromane zurückgreifen müssen. Aus dem Nero-Wolfe-Zyklus von Rex Stout: »Kuffner kniff den Mund zusammen […]. Seine Hand fuhr automatisch in die Jackettasche und kam mit einem Zigarettenetui wieder heraus. Er öffnete es, zog eine hervor, sah sie an, wurde sich ihrer bewußt und fragte: ›Darf ich rauchen?‹ – ›Nein‹, sagte Wolfe. – Das war keineswegs eine eherne Regel. Sie war schon für manchen Mann und sogar für einige Frauen aufgehoben worden, und nicht alle waren potentielle Klienten gewesen. Kuffner war frustriert und verwirrt. Die Ausübung einer grundlegenden Gewohnheit war willkürlich unterbrochen worden, und außerdem hatte er jetzt ein Problem. Um eine Zigarette aus einem Etui mit einer Klammer herauszuholen, braucht es nur einen Schnipp mit Daumen und Zeigefinger, sie wieder zurückzustecken ist jedoch wesentlich komplizierter. Er löste es, indem er das Etui in die linke Seitentasche zurückschob und die Zigarette in die rechte steckte. Er wollte ungerührt bleiben, aber seine Stimme verriet ihn.«

Das Rauchen war früher gewiß öfter als heute eine wichtige Möglichkeit der Selbstdarstellung. Ein paar Photographien einer einzigen

Frau reichten aus, den Zusammenhang zwischen Tabak und der *presentation of self in everyday life* (Erving Goffman) zu bekräftigen. Die wunderbare österreichische Dichterin Christine Lavant erscheint auf diesen Bildern aus den sechziger Jahren des letzten Jahrhunderts nach jeglichem konventionellem Maßstab als eine Frau ohne Schönheit – flachbrüstig, hager, großkinnig, das Haar straff und fast schmerzhaft zurückgeknotet, gekleidet in ein archaisches Spitzenkrägelchen-Kleid … Und während (greifen wir nach einem dieser Photos) ihr Blick dem Betrachter im letzten Moment ausweicht, hält sie in der Rechten eine Zigarette. Die ist nicht angezündet, aber sie ist ein machtvolles Symbol. Sie drückt Unkonventionalität aus, Verbindung mit ganz anderen Lebenswelten, Weltlichkeit schlechthin. Die Zigarette ist das Instrument einer radikalen Unabhängigkeitserklärung. Sie ist ein Spiel mit dem Betrachter, das die schön gewordene Frau gewinnt.

*

> Sir Ranald schlug mit seiner Hand wedelnd in die Luft. Mit einer erneuten Grimasse des Mißfallens sagte er zu dem Staatssekretär: »Bushnell, machen Sie mal ein Fenster auf, ja? Die Luft hier drin ist unerträglich, wenn drei Leute kettenrauchen.«
>
> Während der Staatssekretär eilig gehorchte, verbarg James Bond ein Grinsen: Er erinnerte sich, irgendwo gelesen zu haben, daß der Haß auf Tabak ein verbreitetes Symptom bei Psychopathen ist, an dem beispielsweise Hitler in markanter Weise gelitten hatte.
>
> ROBERT MARKHAM (= Kingsley Amis), *Colonel Sun*

Der Nichtraucher beklagt den üblen Geruch des Tabaks; es ist seltsam, zu erfahren, daß das Rauchen ursprünglich auch der Vertreibung der schlechten Gerüche diente oder dem Schutz gegen das Miasma der Pest dienen sollte (wie man bei Pepys nachlesen kann). Zigarette oder Zigarre sind eine Zeitlang an die Stelle des Pomanders, des mit würzigen Essenzen gefüllten, aus perforiertem Metall gefertigten Geruchsapfels im Mittelalter oder in der Renaissance getreten: ein Mittel, sich vor Gestank abzuschirmen. Klassischerweise raucht in vielen Abbildungen und in vielen Filmen der Chirurg bei der Sektion des Leichnams oder es raucht der ihm Zusehende – vgl. etwa Johann Hasselhorst, *Professor Lucae leitet eine Sektion* (Dresden, 1864/66). Das ist nicht nur, obwohl es gut hierher paßt, Brechts »rauchender Zuschauer«, es ist der sich gegen jenen Zersetzungsgeruch Schützende, welcher in Krimis gerne den Neuen der Abteilung hastig aus dem Saal rennen läßt, um sich zu übergeben (oder zumindest draußen seinerseits eine Zigarette anzuzünden).

Es ist für den Raucher – auch den, der die Logik seines Lasters gut kennt – schwer, die organisierte gesellschaftliche Verachtung des Nikotins nicht ihrerseits als Pathologie zu dechiffrieren. Die Gesellschaft bekämpft das Nikotin, und »auch der Haß gegen die Niedrigkeit verzerrt die Züge« (Brecht). Ein besonders irrwitziges Detail ist die Verlängerung dieses Kampfes zurück in die Vergangenheit. Die Eliminierung des Unliebsamen aus der Erinnerung haben alle Zeitalter gekannt, ganze ägyptische Dynastien und römische Kaiserfamilien sind der *damnatio memoriae* anheimgefallen, ihre Namen wurden in den Inschriften ausgelöscht, ihre Köpfe wurden von den Statuen geschlagen und durch die von Nachfolgern ersetzt. Wir sind das erste Zeitalter, in dem solche Korrekturen nicht der Logik der Macht folgen, sondern der Umerziehung der Konsumenten. Etwa der Propagierung des Nichtrauchens. Auf allen Reproduktionen und Postern des »Abbey Road«-Albums der Beatles in den USA wird Paul

McCartneys Zigarette wegretuschiert. Die französische Post hatte 1996 eine Malraux-Briefmarke herausgebracht; der Schriftsteller war nach einem Photo von Gisèle Freund abgebildet, die Zigarette wurde ihm wegradiert. Unbequemerweise haben eben viele Künstler und Schriftsteller in unvorbildlicher Weise heftig geraucht. So mußte man auch Jackson Pollocks Bild auf einer Briefmarke der amerikanischen Post retuschieren: weg mit der Zigarette. Allerdings hat nun der Maler immer noch auf charakteristische Weise die Augen ein wenig gegen den Rauch zusammengekniffen. So hinterläßt das Laster trotz der puritanischen Maskerade seine Spur. Die Vergangenheit besteht darauf, daß sie Besseres zu tun hatte, als uns ein Vorbild zu sein.

Sie wußte, daß es unverzichtbare Gesten gibt, deren große Wirkung sich dem Raster des Gesund/Ungesunden entzieht. Dr. Dolittle, der sich im zweiten Band von Hugh Loftings Saga (*The Voyages of Doctor Dolittle*, 1923) auf der Seefahrt zur Spinnenaffeninsel befindet (wo er den verschwundenen Indianer Red Arrow, den nächst ihm selber größten Naturkundigen der Welt, retten wird), hat unterwegs – auf den Capa-Blanca-Inseln – eine Wette abgeschlossen. Gegenstand der Wette (die sich aus einer hitzigen Diskussion über die Moral des Stierkampfs entwickelt) ist es, daß der mächtige Don Enrique diese blutige Sportart ein für alle Mal abschaffen wird, wenn der Doktor – klein, dick und unathletisch – in der Arena unvorstellbarerweise die berühmtesten Matadore überwinden kann: »if I can do more tricks with a bull than they can«. Dies gelingt dem tiersprachenkundigen Naturforscher aus Puddleby-on-the-Marsh natürlich durch eine solidarische Verabredung mit den Stieren. Die Menge rast vor Begeisterung, als *el grueso matador* fünf der einverständigen Kolosse mit den bloßen Händen niederringt; er hat viel Geld durch die Wetten gewonnen, welche die listenreiche Papageiin Polynesia auf ihn abgeschlossen hat, und er hat den Stierkampf abgeschafft. Für einen Augenblick lang ist er das Idol der Massen (die noch nicht wissen, daß er ihnen dieses Hauptvergnügen genommen hat). Und dieser Moment verlangt nach einer Geste: »Dann, mit einer letzten Verneigung zu den Damen, nahm John Dolittle eine Zigarre aus der Tasche, zündete sie an und schlenderte aus der Arena.«

Was soll Joseph Cotten am Ende von *Der dritte Mann* tun, was bleibt ihm übrig? Wieder schaut die Kamera die Allee des Wiener Zentralfriedhofs hinab. Der alte böse Freund Orson Welles ist zum zweiten Mal und diesmal nicht nur angeblich beerdigt worden; Trevor Howard will Cotten zum Flugplatz fahren, aber wieder erblickt dieser Alida Valli und will unbedingt aussteigen. Schon hat er sich mit seiner Reisetasche an den Rand des langen zentralperspektivischen Weges gestellt; er wartet auf die rasch herankommende vergebens Geliebte, die ihm den Tod von Welles nicht verzeihen wird, mag dieser ihn zehnmal verdient haben. Wider alle Hoffnung wartet Cotten noch einmal auf sie, und sie, die sich recht lange aus dem Hintergrund der Kamera nähert, in einer raschen, geraden Linie, geht dann ohne eine Geste oder ein Wort an ihm vorbei. Was nun? Er zündet sich eine Zigarette an, und das letzte, was wir sehen, ehe die Zithermusik noch einmal anschwillt und das Bild verlöscht, ist sein Wegschnippen des Streichholzes. Es gibt Gesten, auf die man eigentlich nicht verzichten kann.

Die Katze. Sehnsucht nach Unangefochtenheit

Stets wird Staunen liebevoll uns trennen.
PETER GAN, Preis der Dinge

Un chat passant parmi mes livres …
APOLLINAIRE, Cortège d'Orphée

Nicht alle ägyptischen Götter haben eine tiergestaltige Erscheinungsform; Osiris ist immer menschenförmig und Isis trägt lediglich die Kuhhörner der ihr verwandten Hathor in ihrem göttlichen Kopfputz. Doch insgesamt hat die Neigung des ägyptischen Pantheons, sich tierhaft zu inkarnieren, zu Recht das Aufsehen des Abendlandes erregt, denn keine Götterversammlung zeigt so viel Tierisches. Die Katze begegnet uns in jeder größeren Sammlung ägyptischer Altertümer: Meist schwarz, aufrecht sitzend, in vom Künstler makellos bewältigter, wahrhaft täuschend lebensechter Haltung, den Schwanz um die Vorderpfoten geschlagen. Die Augen sind oft mit Blattgold ausgelegt, manchmal belehrt uns eine Notiz, daß an den spitzen Ohren einst kleine goldene Ringe hingen. Die Katze scheint – neben dem Falken – das klassische Tier des ägyptischen Pantheons, doch ist dies natürlich unserer Wahrnehmung geschuldet, die auf den Ibis und das Nilpferd, das Krokodil und den Pavian nicht so hingerissen reagiert. Doch belehren uns die ikonographischen Zeugnisse (und die Nachrichten von den riesigen Tierfriedhöfen, wo sich zum Beispiel Tausende von mumifizierten Mäusen, Hunderte von mumifizierten

Stieren fanden – die großen Stier-Nekropolen lagen in Memphis und Heliopolis), daß die Verehrung der Tiergestalt eines Göttlichen sich auf eine lange Reihe von Spezies erstreckte. Anubis der Schakal (der Wächter des Totengerichts), Hathor die Kuh, Toth der Ibis, der Widder Chnum, die Löwin Sachmet, der Falke Horus ... Daß Chepri ein vergotteter Mistkäfer ist, begreifen wir, weil wir gelesen haben, daß der Skarabäus, der eine vollkommen runde Kotpille zu drehen vermag, deshalb mit der Sonne identifiziert wurde ... Aber Meretseger die Kobra, Sobek das Krokodil, Mut die Geierin, Selkis die Skorpionengöttin, der stinkende Wildesel Seth? Es ist offensichtlich, daß die Verehrung, welche den Tieren zukommt, nichts mit uns vertrauten ästhetischen Kategorien zu tun hat.

Daß die Katze eine so bedeutende Rolle in den uns überkommenen Beständen von Statuen und Statuetten spielt, hängt damit zusammen, daß das im Nildelta gelegene Bubastis, der Heimatort der katzengestaltigen Göttin Bastet, unter der 22. Dynastie zur Hauptstadt Ägyptens wurde. Die Attribute der Bastet sind die Schutzhieroglyphe und das Sistrum – das auch im Isiskult wichtige Rasselinstrument, dessen beim Schütteln schwirrende Metallplättchen die Dämonen durch ihr halb melodisches, halb mißtönendes Geräusch vertreiben. Die Katze ist insbesondere ein schützendes Tier. Sie fängt die Mäuse, welche die Kornspeicher des Landes ständig bedrohen, das – ganz von einer sorgfältigen Nutzung der Fruchtbarkeit des Nils abhängig – eine durchdachte Vorratshaltung braucht. Sie könnte historisch (manche Zeugnisse sprechen dafür) an die Stelle des Wiesels getreten sein, das man auch als Mäusevertilger in die Scheuern holte, das aber nicht wie die Katze den Domestikationsbund mit dem Menschen schloß. Wir bilden uns gerne ein, daß die Katze – von völliger Indifferenz unserer Wohlfahrt gegenüber, wir wissen es in unseren luziden Augenblicken – das Haus behütet.

*

> Der Mensch fragt wohl einmal das Thier: Warum redest du mir nicht von deinem Glücke und siehst mich nur an? Das Thier will auch antworten und sagen, das kommt daher daß ich immer gleich vergesse was ich sagen wollte – da vergaß es aber auch schon diese Antwort und schwieg; so daß der Mensch sich darob verwunderte.
>
> NIETZSCHE, Vom Nutzen und Nachtheil der Historie für das Leben

In Cesare Ripas *Iconologia* (erste Ausgabe 1593), jenem Werk, das der europäischen Kunst jahrhundertelang einen Fundus allegorischer Konventionen lieferte, wird die Personifikation der Freiheit von einer Katze begleitet – dem Tier, das sich jedem Zwang widersetzt. Diese allegorische Bedeutung hat sich historisch insgesamt nicht als so folgenreich erwiesen wie die christlich gefärbte Ikonographie, welche die Katze neben Eule, Fledermaus und Spinne als nachtseitiges Tier einer Welt des Diabolischen und der bösen Träume zuordnet. Noch in Goyas »El sueño de la razón produce monstruos« sind unter den Tieren, welche den Schläfer umgeben, auf den bezogen behauptet wird, der Schlaf (der Traum?) der Vernunft gebäre Ungeheuer, neben den Eulen und Fledermäusen mehrere Katzen. Negativ gesehen, haftet der Katze – wie etwa dem Esel – auch das Odium der Unlenkbarkeit, des Eigensinns an. Noch in der dämonischen Funktion als Hexenbegleiterin – die *familiars* der Hexen können viele Gestalten annehmen, aber für den Volksglauben ist die klassische die der Katze – zeigt sich allerdings auch jener unbändige Freiheitsdrang, denn das Hexenwesen ist eine Form der Auflehnung, des Außenseitertums, der Absage an die Verabredungen der Menschen.

Es gibt ein in zahlreichen Varianten überliefertes, manchmal umfangreich ausgeschmücktes englisches Volksmärchen, dessen Grunderzählung etwa so lautet: Ein Mann geht nachts durch eine einsame Landschaft nach Hause; da spricht ihn zu seiner Verwirrung eine Katze an und sagt gebieterisch – die Namen variieren –: Sag Tom Tildrum, daß Tim Toldrum gestorben ist! (Manchmal sieht er vorher noch eine Prozession von Katzen, die einem kronengeschmückten kleinen Sarg folgen.) Er kommt nach Hause und erzählt die Geschichte ratlos – da er diese Namen noch nie gehört hat – seiner Frau. Der Hauskater, der am Kamin schläft, spitzt die Ohren und ruft: »Tim Toldrum ist tot? *Dann bin ich der Katzenkönig!*« Und er fährt den Kamin empor und ist und bleibt verschwunden. Die Vorstellung einer Katzenmonarchie scheint im Widerspruch zur Freiheitsliebe des Tieres zu stehen, doch der triumphierende Ruf »Dann bin ich der Katzenkönig!« paßt zu seinem Stolz. Es ist diese den Menschen faszinierende Unabhängigkeit, die sich im Titel der Kipling-Erzählung »The Cat that walked by himself« zeigt. Kipling hat auch eine der klassischen wunderbaren Raubkatzen des Kinderzimmers, den Panther Baghira, erfunden. Es gehört zur Subtilität seiner Phantasie, daß das große, starke, mächtige Raubtier des *Dschungelbuchs* einmal in einem Augenblick komischer Verlegenheit vorgeführt wird. Als er – in der zweiten Erzählung, »Kaa's Hunting« – sich mit dem Bären Balu und der Pythonschlange Kaa aufmacht, um Mowgli aus der Gefangenschaft der Bandar-log, der Affen, zu befreien, muß er, von den endlosen Horden der Affenstadt überrannt, zum ersten Mal um sein Leben kämpfen, und in dieser Not ruft er zu Kaa um Hilfe mit dem Schlangenruf (worüber Balu, der in der Nähe ebenfalls »bis zum Kopfe in einer Woge von Affen verschwunden« ist, trotz allem lachen muß). Als die Schlange später sagt: »Ich konnte nicht früher kommen, Bruder, aber ich glaube, ich habe dich rufen hören?«, antwortet der schwarze Panther: »Ich – ich habe vielleicht meinen Kampfruf ausgestoßen.« Wer längere Zeit mit der einen oder anderen Katze zusammengelebt hat, kennt die merkwürdige Neigung des Tieres, sich – fühlt es sich beobachtet – mit einer kleinen Übersprungshandlung (vorzugsweise einem plötzlichen eifrigen Sich-Putzen) einer Situation zu entziehen, die man beim Menschen eben Verlegenheit nennen würde.

Die Katze mag deshalb so von uns bewundert werden, weil sie uns einerseits die Illusion gestattet, daß die Natur mit uns befreundet ist, andererseits die völlige Unabhängigkeit des Naturwesens mit beiläufiger Gleichgültigkeit demonstriert. Sie richtet sich in unseren Konventionen ein und negiert sie. Wo in der Kunst unsere Nahrungsmittel als Markt- oder Küchenstück oder Stilleben arrangiert werden, steht unvermutet die Katze inmitten und zerrt an einem Fasan oder Fisch, man findet den Topos bereits in den Mosaiken aus der Casa del Fauno zu Pompeji.

Das Gefühl des Anblicks einer unbedingten Unabhängigkeit, das den Menschen beim Vorbeigehen der Katze befallen kann, führt aber unter Umständen – denn was von uns ganz unabhängig ist, kann uns rasch irritieren – auch zur Vorstellung einer bis zur Feindseligkeit gesteigerten Indifferenz dieses Tieres. In Maeterlincks einst sehr berühmtem Märchendrama *L'oiseau bleu* ziehen zwei Kinder auf ein großes Abenteuer aus, begleitet von Licht, Wasser, Feuer, Brot, Zucker, Hund und Katze. Der Hund ist die Treue, die Katze das Böse, sie verrät die Kinder (was diese nicht bemerken); sie tut es nicht strategisch, sondern aus ihrer wesentlichen Verbündetheit mit den Gegenkräften. Zur Nacht spricht sie: »Ich weiß, Mutter Nacht, die Zeiten sind schlecht, und wir beide sind fast die einzigen, die den Kampf gegen den Menschen noch fortführen …« Das geht sehr weit in der Distanzierung von Mensch und Katze, bildet aber in der Übertreibung etwas Richtiges ab: jene Distanz, die unsere Verliebtheit ignorieren möchte.

Die Distanz zum Tier empfinden wir, sobald wir über sie nachzudenken beginnen. Aber ist es eine glückliche oder unglückliche?

In einem hübschen kleinen norwegischen Kriminalroman (Bernhard Borge, *Tod im Blausee*, 1942) schreibt ein entschiedener Okkultist einen polemischen Artikel gegen den Unglauben des Materialismus; der Titel lautet: »Wie lange wollen wir noch dem Tierreich angehören?« Diese Sottise weist weit über den Zufallsanlaß hinaus. Wir gehören dem Tierreich an und doch wieder nicht. Es gibt Stimmungen, in denen wir die Frage beantworten möchten mit: Ewig. Die klaren kategoriellen Scheidungen sind im Lauf der Zeit ein wenig ausgefranst, wir erkennen bereitwilliger als früher ein Spiegelbild, und doch auch den Abgrund. Die Katze scheint unter den nicht sehr zahlreichen Tieren, welche durch die Domestikation vor langer Zeit in unsere Nähe gelangt sind und nun zum Alltag, zur zweiten Natur unserer Existenz dazugehören, jenes zu sein, das uns am deutlichsten vorführt, was wir verloren haben. In ihr konzentriert sich das, was Chesterton einmal beiläufig »the mystery that is with all beasts« genannt hat. Daß sie uns auch noch die Utopie eines geglückten Zusammenlebens verkörpern soll, das sich auf Zärtlichkeit, Achtung und wohlwollende Indifferenz gründet, gehört zu unseren großen Träumen.

*

> »Und so kommen wir«, sagte der Dekan, »zum Thema Katzen. Sie sind manchmal amüsant zu jagen, aber insgesamt sind sie so unzuverlässig, daß die Katzenjagd kaum als Sport bezeichnet werden kann, sie ist lediglich als Pflicht zu betrachten. Die Angewohnheit der Katzen, auf Bäume zu klettern, ist ganz und gar verachtungswürdig.«
>
> LORD DUNSANY, My Talks with Dean Spanley

Lord Dunsany hat ein hübsches Capriccio verfaßt, *My Talks with Dean Spanley* (1936), in dem es dem Erzähler gelingt, einen würdigen Dekan der anglikanischen Kirche durch Verabreichung der richtigen massiven Dosierungen von kaiserlichem Tokajer auf eine Bewußtseinsebene zu bringen, in der er sich an eine frühere Inkarnation als Hund erinnert und Hinweise gibt, wie man sich vorüberfahrenden Fuhrwerken, Ratten, dem Fuchs, dem Mond gegenüber zu verhalten hätte. Der Erzähler fragt den einstigen Hund nach den »Meistern«. »›Ah, die Meister‹, murmelte er, ›die Großen. Welche Güte! Welche Weisheit! Und einen gab es, der war unvergleichlich größer und weiser als alle anderen. Ich weiß noch, wenn er einen Tag lang fortging, veränderte sich das Ansehen der ganzen Welt, es beeinträchtigte das Sonnenlicht, in dem weniger Helle war, weniger Wärme. Ich weiß noch, wenn er zurückkam, da habe ich mir einen kräftigen Whisky-Soda gemixt …‹ – ›Aber Hunde‹, sagte ich, ›Hunde trinken keinen Whisky.‹ – Ich lernte dann später, ihn niemals zu unterbrechen, aber jetzt mußte ich es tun – ich wollte die Wahrheit hören und glaubte, er rede nur Unsinn, und doch war es nicht ganz so. – ›Äh – ääh – nein‹, sagte Dekan Spanley und irrte eine Zeitlang unter seinen Erinnerungen herum, bis ich schon fürchtete, er habe die Verbindung mit dem Geheimnis verloren, das zu erforschen ich so lange geplant hatte. Ich saß da ohne ein Wort. Und dann sprach er weiter. – ›Ich habe diese Wirkung erzielt‹, sagte er, ›indem ich auf dem Rasen immer im Kreis gerannt bin, ein sehr stimulierendes Erlebnis …‹« Die Meister sind wie Götter (und werden es bleiben, bis – dies ein faszinierendes Fragment einer Hunde-Mythologie, das Dekan Spanley ausplaudert – der Mensch die Hunde den Gebrauch des Feuers lehrt). Ihre unerklärlichen und unhinterfragbaren Äußerungen *(dirty dog!)* kann man nur in Demut hinnehmen.

Es ist dies ein sehr liebevolles und kaum ungerechtes Porträt des Hündischen. Suchen wir nun einen Text heraus, in dem die Katze spricht. Der Science-fiction-Autor Cordwainer Smith (d.i. P.M.A. Linebarger, 1913–1966) hat einen Zyklus von Geschichten verfaßt, die in einem gerade wegen der Vagheit des Entwurfs faszinierenden weitausgreifenden Zusammenhang einen großen, phantastisch ausziselierten und doch seltsam mit wirklichen Problemen verknüpften Zukunftszeitraum schildern: die Historie der Menschheit unter der wohlwollend-strengen Herrschaft der »Instrumentality«. Die berühmteste ist neben »Drunkboat« die kanonische, in einer Vielzahl von Anthologien vertretene Geschichte »The Game of Rat und Dragon«. Sie enthält einen der interessantesten Sätze zur Eigenart der Katze – wie der Mensch sie wahrnimmt –, den die Literatur hervorgebracht hat. Den Hintergrund bilden die Probleme der interstellaren Weltraumfahrt. Als die Menschheit sich mit Überlichtgeschwindigkeit – Urtraum der *space opera* – durch das All zu bewegen beginnt, stößt sie auf riesige, bös-intelligente, nebelartige Raubtiere in den Weiten des Weltraums, die ein »planoformierendes« Schiff angreifen und sämtliche Menschen an Bord töten oder in den Wahnsinn treiben können, »Drachen«, gegen welche sich die Menschheit nur durch die Abwehrstrategien von Telepathen wehren kann. Diese müssen Lichtbomben auslösen, deren Photonenblitze die Drachen töten oder vertreiben (bis zur interstellaren Raumfahrt hatten wir keine Kenntnis von den Ungeheuern, weil die Sonne uns beschützt). Die Partner der Telepathen sind Katzen, deren Wahrnehmungsvermögen noch größer und deren Reaktionszeit noch geringer ist; sie reisen in kleinen rugbyballgroßen Raumschiffen neben den großen Schiffen der Menschen einher und schleudern von dort mit ihren Gehirnimpulsen die Lichtbomben auf die Drachen – die sie als »Ratten« wahrnehmen. Die Tätigkeit ist für den Telepathen so anstrengend, daß er für jede halbe Stunde Dienst mindestens zwei Monate Urlaub bekommt … Der eigentliche Gegenstand der Geschichte ist die Verliebtheit des jungen Helden in eine seiner Katzenpartnerinnen, mit der er in telepathischer Symbiose die Drachen/Ratten jagt. Am Ende fragt er sich unglücklich, wo er denn je eine Frau finden könne, die dieser Katze gleichkäme? Aber der entscheidene Satz ist jener, den er von ferne aus dem Hirn der Katze aufnimmt, und dieser lautet: »What a pity he is not a cat.« Es ist so etwas wie eine beiläufige Liebeserklärung an eine Unmöglichkeit. Wir mögen uns nicht wünschen, eine Liebesbeziehung mit einer Katze zu haben, aber der Wunsch, die Katze möge ein leises Bedauern empfinden, daß wir ihr nicht näher sind, das bezeichnet sehr konkret unser narzißtisches Begehren angesichts dieser hochgeachteten Spezies.

Kann man sich – um den nun überfälligen Vergleich anzustellen – einen solchen Satz im Inneren eines (fiktionalen) Hundes vorstellen? »What a pity he is not a dog«? Es gibt zwei Gründe, diese Frage zu verneinen. Der erste ist evident: Der Hund will nicht, daß der Mensch seinesgleichen werden solle, er behandelt ihn einerseits bereits mit egalitärer Distanzlosigkeit (als Teil eines Rudels, wie die Verhaltensforscher uns versichern), andererseits als den vergotteten Herrn der Welt, insgesamt als das (ein wunderbares und verräterisches Wort) Herrchen. Die Synthese des Herrischen und des niedlichen Diminutivums bringt präzise zum Ausdruck, was wir, nach Hause zurückkehrend, beim Hund erleben: die zugleich unterwürfige und sentimentale Begeisterung. Ein Wesen, das so glücklich ist, wenn wir – wir! – wieder da sind, das an uns hochspringt und schweifwedelnd bellt und jault, besitzt kein sicheres Urteil. Der schräge, prüfende Aufblick der kurz durchs Zimmer gehenden und die Möglichkeiten der Verpflegung abwägenden Katze weist uns unseren Platz an. Und das ergibt den zweiten Grund für die Unmöglichkeit eines solchen Parallelsatzes: Wir würden ihn nie als Sehnsuchtsformel in einer Geschichte konstruieren, denn der Treue und Liebe des Hundes sind wir bereits gewiß, nach der entschiedenen Neigung der Katze sehnen wir uns stets, weil sie nie völlig erreichbar ist. Um die Distanz zu bezeichnen, die Hund und Katze trennt, genügte es auch, aus einem schönen Gedicht von Francis Jammes zu zitieren, das seinem verstorbenen Hund gewidmet ist (»Mon humble ami, mon chien fidèle, tu es mort...«). Wäre das einleitende demütige Adjektiv »humble« zur Not noch auf die Katze anzuwenden, die früher gewiß in den meisten Haushaltungen scheu im Hintergrund herumschlich, die meiste Zeit ihrer Domestikationsepoche von Schlägen und Pantoffelwürfen bedroht, so wäre es unvorstellbar, daß sich Jammes' Liebeserklärung, mit der die zweite Strophe anhebt, je auf eine Katze beziehen könnte: »O compagnon banal de l'homme. Être beni!« Der Hund verkörpert das – gewiß nicht geringe – Glück der Normalität, der Banalität, der Selbstverständlichkeit. Die Katze agiert selbstverständlich, aber nie wirkt sie banal.

*

> ... als sie ein wenig erschrak, weil sie die Cheshire-Katze ein paar Meter entfernt auf dem Ast eines Baumes sitzen sah.
>
> Die Katze grinste nur, als sie Alice erblickte. Sie sah gutmütig aus, dachte diese, aber immerhin hatte sie *sehr* lange Krallen und eine große Zahl Zähne, so daß man ihr wohl besser mit Respekt begegnete.
>
> LEWIS CARROLL, Alice im Wunderland

Was ist die berühmteste Katze der Weltliteratur? Die meisten Leser werden sich nach kurzer Überlegung einig sein: Die Cheshire-Katze. Diese erstaunliche Erfindung Carrolls ist zunächst nur so etwas wie das gestaltgewordene Idiom »to grin like a Cheshire cat«, dessen Ursprung strittig ist – als die beiden führenden Theorien gelten, daß es in Cheshire einen Maler gegeben haben soll, der die Löwen der

Wirtshausschilder mit grotesk-breitem Grinsen gemalt habe, und daß man dort Käse herstellte, denen mit einem Model das Bild einer grinsenden Katze aufgeprägt wurde. Häufig macht Carroll aus einer solchen stehenden Wendung (wie aus Humpty Dumpty im Kindervers oder den beiden Ausdrücken »mad as a hatter« und »mad as a March hare«) unverwechselbare Figuren, die meist eine Neigung zu pervers aporetischen philosophischen Diskursen haben. Die Berühmtheit der Cheshire-Katze jedoch besteht darüber hinaus in ihrer singulären Weise, aufzutauchen und zu verschwinden, die weit über die gewöhnliche Begabung der Katze zur Verstohlenheit hinausgeht (wenn diese sich auch von ferne in Carrolls Erfindung spiegeln mag): »›Also gut‹, sagte die Katze, und diesmal verschwand sie ganz langsam, mit der Schwanzspitze beginnend und endend mit dem Grinsen, das einige Zeit lang noch zurückblieb, als der Rest schon verschwunden war. – ›Na! Ich habe schon oft eine Katze ohne Grinsen gesehen‹, dachte Alice, ›aber ein Grinsen ohne Katze! Das ist das Merkwürdigste, was ich im ganzen Leben zu sehen bekommen habe!‹«

Martin Gardner bemerkt, daß »ein Grinsen ohne Katze« keine schlechte Definition der reinen Mathematik wäre. Nichts hat – verständlicherweise – den Neid der Hunde so herausgefordert wie diese Fähigkeit der Cheshire-Katze, und es war nur eine Frage der Zeit, bis Snoopy in den *Peanuts* demonstrierte, daß er das auch konnte (»my Cheshire beagle trick«). Er zeigt das mehrmals, und die Hybris rächt sich schließlich: Er bleibt stecken und kann das zurückgebliebene – nunmehr verzweifelte – Grinsen nicht mehr ergänzen. »So etwas Peinliches ist mir im ganzen Leben noch nicht passiert.« Die anderen grübeln, was hier zu machen wäre; Lucy, die ja immer in einer Art kleinem Kiosk ihre Dienste als psychologische Expertin anbietet, wird herangezogen. Wie stets rücksichtslos praktisch, vermutet sie: »Maybe he's just lost his picture … Wenn bei unserem Fernsehapparat das Bild weg ist, dann geben wir ihm einfach einen kräftigen

Schlag ...« Und mit diesem ZACK! ist denn auch der ganze Snoopy wieder da, und Lucy kann im Abgehen sagen: »Hervorragend ... Meine Radiomechanikerrechnung kommt immer höher als meine Psychologenrechnung ...«

Es gibt noch eine weitere, weniger auffällige Katze in *Alice im Wunderland*: Als Alice dem weißen Kaninchen folgt (das vor sich hinmurmelt: Liebe Zeit! Liebe Zeit! Ich komme zu spät! und dann – erst hier empfindet Alice eine gewisse Merkwürdigkeit – eine Uhr aus der Westentasche holt) und den im Kaninchenbau sich auftuenden brunnenartigen Schacht hinabstürzt, dauert ihr Fall sehr lange Zeit – »entweder war der Brunnen sehr tief, oder sie fiel sehr langsam«, wie Carroll mit einem seiner spukhaft präzisen Sätze schreibt. Alice denkt an dies und das, nimmt ein Marmeladenglas von einem der Borde an der Schachtwand, stellt es weiter unten auf ein anderes Fachbrett, als sie zu ihrer Enttäuschung feststellen muß, daß das Glas leer ist. Schließlich: »Hinunter, hinunter, hinunter. Es gab nichts anders zu tun, so fing Alice wieder zu reden an. ›Dinah wird mich heute abend sicher sehr vermissen!‹ (Dinah war die Katze.) ›Ich hoffe, man denkt zur Teezeit an ihre Untertasse mit Milch. Dinah, mein Liebling! Wärst du doch bei mir hier unten! Es gibt ja leider keine Mäuse in der Luft, aber du könntest dir vielleicht eine Fledermaus fangen, das ist ja, weißt du, etwas ganz Ähnliches. Aber fressen Katzen Fledermäuse?‹« Sie verwickelt sich im Folgenden in den durch wiederholtes Aussprechen hypnotischen Satz »Do cats eat bats?«, der sich in »Do bats eat cats?« verwandelt – »denn da sie beide Fragen nicht beantworten konnte, machte es auch keinen großen Unterschied, wißt ihr, wie sie es formulierte.« Der simple Satz »Dinah war die Katze« impliziert, daß es in jedem anständigen Haushalt eine Katze gibt – die Katze ist ein elementares Rollenfach wie die Mutter oder der Gärtner. Dinah und die Cheshire-Katze sind bei Carroll so etwas wie die zwei Erscheinungsformen eines Tieres, dem wir sein

Schälchen Milch hinstellen im Bewußtsein, daß es eine unerklärliche Seite hat.

Katz und Maus sieht man schon zu Füßen des ersten Menschenpaares in Dürers »Adam und Eva«-Kupferstich; die Zusammenstellung der beiden Tiernamen suggeriert ein Spiel, bei dem die stets überlegene Katze die Maus noch ein wenig durch falsche Hoffnung peinigt. Der Cartoon, fröhlich subversiv, mußte natürlich diese Logik umkehren und die Maus triumphieren lassen. Diese Sieger- und Verlierer-Qualitäten werden immer vom Zentrum aus zugewiesen: Wenn der Hund der Held ist, sind die Katzen böse (Disneys *Lady and the Tramp*). Im Kosmos der Disney-Figuren ist die Katze also zur Statisterie der Bösewichte verdammt – das ergibt sich, wie gesagt, aus der Urzelle der Produktion Walt Disneys, der genialen Konstruktion einer souveränen Maus (die in den ersten Film-Jahren – wie Charlie Chaplin in den seinen – noch wesentlich frecher und subversiver ist und in stärkerem Maße mit gewalttätigen Improvisationen arbeitet: Das Drehen des Kuhschwanzes macht das Rind zum Leierkasten). Diese Maus kann sich mit einem treu-debilen Hund (Goofy) und zur Not mit einer hyperaktiven Ente (Donald Duck) liieren, aber die Katze ist immer böse: Pegleg Pete (»Kater Karlo«). Während es bei der Cartoon-Konkurrenz, dem Kater Tom und der Maus Jerry, zumindest gelegentlich zu Allianzen und paradoxen Freundschaftsdiensten kommt, führen Mickey Mouse und Pegleg (später, nach Streichung des Holzbeins: »Black«) Pete das unveränderliche Ballett von Gut und Böse (Räuber und Gendarm) auf. Entwickelt man das Bild der Katze aus dem Gegensatz zur Maus, ist die Katze als Inbild der Macht schlecht: Sie ist Goliath; der Mäusedavid muß siegen. Das Seltsame ist, daß wir bei Micky und Jerry von ferne etwas »Mäusisches« empfinden mögen – das Flinke, Geschickte, Huschende –, daß Kater Karlo und Tom dagegen nichts besitzen, was an die von uns an den Katzen der Wirklichkeit wahrgenommenen Züge erinnerte. Sie sind im strikten Sinne Antagonisten, die ganz aus dem »Anti« heraus konstruiert sind. Unter den vielen, vielen Katzen der Comics und der Illustrationskunst – Felix und Fritz, Garfield und Paw Piper, Fat Freddy's Cat und Pat aus Jay Lynchs *Nard n' Pat* – gibt es eigentlich nur eine, die in ihrer nachtwandlerisch sicheren Verträumtheit wirklich etwas von der Spezies hat, nach der sie gezeichnet ist: Krazy Kat.

*

> Les amoureux fervents et les savants austères
> Aiment également, à leur mûre saison,
> Les chats puissants et doux, l'orgueil de la maison,
> Qui comme eux sont frileux et comme eux sédentaires.
>
> BAUDELAIRE, Les chats

Wer mag dieses wunderbare Wesen beschreiben, das gleichzeitig der Phänotyp des Tieres überhaupt zu sein scheint und doch je ein unverwechselbares Individuum? Die Dichter haben es oft versucht, und einem ist es an unerwartetem Ort gelungen.

Zu den eigenartigsten Erscheinungen der englischen Dichtung des achtzehnten Jahrhunderts gehört Christopher Smart (1722–1771) – lange kaum mehr wahrgenommen, da sein Hauptwerk *Jubilate Agno* (etwa: Frohlocket im Zeichen des Lammes!) erst 1939 veröffentlicht wurde. Er stammte aus eher kleinen Verhältnissen, wurde aber, als die Begabung des Knaben sich zeigte, zum Protegé der Adelsfamilie, für die sein Vater als Haushälter gearbeitet hatte, und empfing noch weitere mäzenatische Gaben. 1747 verlieh ihm die Universität Cambridge den Magister Artium, doch in diesen Jahren zeigte sich auch seine Neigung zum Trunk, zum Schuldenmachen, zu einer konfus-ekstatischen Lebensführung. Er verbrachte sein weiteres Leben über lange Zeiträume hinweg im Schuldgefängnis – wo seine längeren Dichtungen entstanden –, arbeitete als satirischer Journalist, schrieb Oden, Übersetzungen (Horaz), religiöse Gedichte (*On the Goodness of the Supreme Being*, 1756; *A Song to David*, 1763). Er war notorisch für seine Angewohnheit, auf offener Straße auf die Kniee zu fallen und zu beten; der große Dr. Johnson sagte hierzu gutmütig: »Seine Schwächen waren der Gesellschaft nicht schädlich. Er hat immer darauf bestanden, daß die Leute mit ihm beten, und ich würde ebensogern mit Kit Smart beten wie mit irgend jemand anderem. Ein anderer Vorwurf war, daß er die frische Wäsche nicht liebte, und auch ich schätze sie nicht allzusehr.« An anderer Stelle: »Der Wahnsinn entdeckt sich oft durch eine unnötige Abweichung von den Sitten der Welt. Mein armer Freund Smart zeigte die Verstörung seines Geistes an, indem er auf der Straße oder an einem anderen ungewöhnlichen Ort auf die Kniee fiel und betete. Nun ist es, vernünftig gesprochen, ein größerer Wahnsinn, gar nicht zu beten, als es so zu tun wie Smart. Aber ich fürchte, es gibt derart viele, die nicht beten, daß ihre Auffassung nicht in Frage gestellt wird.«

In dem großen *Jubilate Agno* (entstanden 1759–63 und, wie gesagt, erst im zwanzigsten Jahrhundert gedruckt) finden sich nun die Zeilen über die Katze – den Kater – Jeoffrey, die Smart eine kleine Berühmtheit eingetragen haben. Ich versuche sie zu übersetzen; sie mögen hier stehen als die schönste mir bekannte Huldigung eines Dichters an ein Tier. Zu dieser Schönheit tragen die kleinen Wunderlichkeiten (darunter eine patriotische) und die naive Frömmigkeit bei.

Denn ich will achthaben auf meinen Kater Jeoffrey.
Denn er ist der Diener des Lebendigen Gottes und dienet ihm
getreulich und täglich.
Denn beim ersten Aufblick des Glanzes Gottes im Osten betet er
ihn auf seine Weise an.

Denn dies geschieht, indem er seinen Leib sieben Mal umherschlingt mit rascher Eleganz.

Denn dann springet er auf, die Fliege zu fangen, die Gottes Segen ist auf sein Gebet.

Denn er rollt sich im starken Kraut, es ins Fell zu empfangen.

Denn nachdem er seine Pflicht getan und den Segen erhalten hat, fängt er an, auf sich selbst achtzuhaben.

Denn dies tuet er in zehn Stufen.

Denn erstens beschaut er seine Vorderpfoten, um zu sehen, ob sie rein sind.

Denn zweitens schlägt er die Hinterfüße aus, um dort reinezumachen.

Denn drittens recket er sich sorgsam mit ausgestreckten Vorderpfoten.

Denn viertens schärft er seine Pfoten am Holz.

Denn fünftens putzt er sich.

Denn sechstens rollt er sich auf dem geputzten Fell.

Denn siebentens floht er sich, damit er nicht auf seinem Rundgang unterbrochen werden mag.

Denn achtens reibt er sich an einem Pfosten.

Denn neuntens blickt er hinauf nach seiner Unterweisung.

Denn zehntens geht er aus auf der Suche nach Speise.

Denn nachdem er achtgehabt hat auf Gott und auf sich selbst, wird er nun auf seinen Nächsten achthaben.

Denn wenn er einer anderen Katze begegnet, so küßt er sie freundlich.

Denn wenn er seine Beute holt, spielt er mit ihr, um ihr eine Chance zu geben.

Denn eine Maus unter sieben entrinnt durch sein Tändeln.

Denn wenn sein Tagewerk getan ist, beginnt sein Geschäft erst recht und ganz.

Denn er hält die Wacht des Herrn in der Nacht gegen den Feind.
Denn er wirkt den Mächten der Finsternis durch sein elektrisches Fell und seine starrenden Augen entgegen.
Denn er wirkt dem Teufel, welcher Tod ist, entgegen, indem er als das Leben umherspringt.
Denn in seinen Morgengebeten liebt er die Sonne und die Sonne liebt ihn.
Denn er ist vom Stamme des Tigers.
Denn der Cherub Katze ist eine Ausdrucksform des Engels Tiger.
Denn er hat die Klugheit und das Zischen einer Schlange, die er in seiner Güte vernichtet.
Denn er wird nichts zerstören, wenn er gut genährt wird, und er wird nicht fauchen, wenn ihn nichts herausfordert.
Denn er schnurrt voller Dankbarkeit, wenn Gott ihm sagt, daß er eine gute Katze ist.
Denn er ist ein Instrument, auf dem die Kinder die Güte erlernen können.
Denn jedes Haus ist unvollständig ohne ihn, und es fehlt eine Segnung im Geiste.
Denn der Herr gab Moses einen Befehl bezüglich der Katzen beim Auszug der Kinder Israel aus Ägyptenland.
Denn jede Familie hatte mindestens eine Katze im Sacke.
Denn die englischen Katzen sind die besten Europas.
Denn er ist der Reinlichste im Gebrauch seiner Vorderpfoten von allen Vierfüßlern.
Denn die Geschicklichkeit seiner Verteidigung ist ein Beispiel für die gar große Liebe Gottes zu ihm.
Denn er berührt sein Ziel am raschesten von allen Kreaturen.
Denn er hält an seiner Absicht fest.
Denn er ist eine Mischung aus Ernsthaftigkeit und Drolligkeit.
Denn er weiß, daß Gott sein Erlöser ist.

Denn es gibt nichts Süßeres als seinen Frieden, wenn er ruht.
Denn es gibt nichts Rascheres als sein Leben, wenn er in Bewegung ist.
Den er gehört zu den Armen des Herrn und so wird er in der Tat aus Güte dauernd gerufen: Armer Jeoffrey! Armer Jeoffrey! Die Ratte hat dich in den Hals gebissen.
Denn ich segne den Namen des Herrn, weil es Jeoffrey besser geht.
Denn der göttliche Geist umfängt seinen Leib, ihn in ganzer Katzenhaftigkeit zu bewahren.
Denn seine Zunge ist überaus rein, so daß sie in Reinheit besitzt, was ihr an Melodie fehlt.
Denn er ist gefügig und kann gewisse Dinge lernen.
Denn er kann ernst dasitzen, was heißet: Geduld in der Prüfung.
Denn er kann etwas holen und bringen, was heißet: Geduld bei der Arbeit.
Denn er kann über ein Stöckchen springen, was heißet der Geduld gültiger Beweis.
Denn er kann nach seinem Gehüpf ruhig aufmerken beim Wort des Befehls.
Denn er kann von einer Höhe herab seinem Meister in den Busen springen.
Denn er kann den Korken fangen und von neuem werfen.
Denn er wird gehaßt von Heuchler und Geizhals.
Denn ersterer fürchtet, entdeckt zu werden.
Denn letzterer verweigert die Kosten.
Denn er krümmt den Rücken als Kamel, um anzuzeigen, daß es nun ernst wird.
Denn es ist gut, über ihn nachzudenken, wenn ein Mensch sich genau auszudrücken begehrt.
Denn er galt gar viel in Ägypten seiner einzigartigen Dienste wegen.

Denn er tötete die Ichneumonsratte, die dem Lande viel Verderbnis tat.
Denn seine Ohren sind so scharf, daß sie die Hand stechen können.
Denn hiervon kommt die außerordentliche Raschheit seiner Aufmerksamkeit.
Denn indem ich ihn streichelte, habe ich die Elektrizität entdeckt.
Denn ich sah um ihn Gottes Licht wachsen und sprühen.
Denn das Elektrische Feuer ist die geistige Substanz, die Gott vom Himmel schicket, um die Körper von Mensch und Tier zu erhalten.
Denn Gott hat ihn gesegnet in der Vielfalt seiner Bewegungen.
Denn er kann zwar nicht fliegen, doch ist er ein großerer Kletterer.
Denn seine Bewegungen hin und her auf dem Antlitz der Erde sind zahlreicher als bei irgendeinem anderen Vierfüßler.
Denn er kann zu allen Takten der Musik die Beine regen.
Denn er kann um sein Leben schwimmen.
Denn er kann schleichen.

»Das haben wir gleich!« Zauberei der Improvisation

…er war eigenartig geschickt in allen möglichen Dingen, die ohne den geringsten Nutzen waren – eine Art improvisierter Zauberei; er ließ fünfzehn Streichhölzer sich nacheinander entzünden wie ein richtiggehendes Feuerwerk oder schnitt eine Banane oder etwas dergleichen zu einer tanzenden Puppe zurecht. Er hieß Isidore Smythe, und ich sehe ihn noch vor mir, mit seinem kleinen dunklen Gesicht, wie er an die Theke tritt und aus fünf Zigarren ein hüpfendes Känguruh macht.

CHESTERTON, Der unsichtbare Mann

Ein Zauberkünstler fasziniert uns auf doppelte Weise: Er suggeriert das Unmögliche, die Verwandlung von Wasser in Wein, und regt alte magische Ahnungen in uns; aber er besitzt auch ein überwältigendes Körpergeschick, eine präzise Agilität der Hand wie nur ein Trickdieb oder ein Chirurg. In seiner Gegenwart wollen wir noch einmal an kleine Wunder glauben, während das größte davon schon jetzt die Virtuosität der Finger ist – die als »Prestidigitation« ja seinem Handwerk einst einen Namen gegeben hat. Und am schönsten stellt diese Kunstfertigkeit sich dar, wenn sie sich scheinbar ungeplant irgendwelcher herumliegender Gegenstände bemächtigt und eine Serviette, einen Weinkorken oder eine Zigarettenschachtel zu Sprüngen und Wahrsagungen animiert. Die scheinbare Beiläufigkeit, die Geste des

Was-haben-wir-denn-da läßt sich heutzutage auf der Bühne des Variétés oder im Fernsehstudio nur noch begrenzt inszenieren, aber auf dem Höhepunkt der Salonmagie boten sich ideale Voraussetzungen für den kunstvoll planlosen Griff nach dem sorgfältig präparierten Zufallsrequisit. Auch die Vorstellungen vor großen Auditorien hatten meist – durch eine weniger rigide Anordnung der Sitzplätze in Ballsälen oder Empfangsräumen – etwas Informelles, das die Illusion des Spontanen begünstigte. »Aber Herr Graf«, läßt Robert-Houdin in seinen Memoiren den Papst immer wieder »mit bezaubernder Treuherzigkeit« sagen, »wie bringen Sie das nur alles fertig?«

Dies »alles« gehörte ursprünglich zu einer allgemeinen Kunstfertigkeit, mit den Dingen der Welt umzugehen. In den alten Zauberbüchern des siebzehnten und achtzehnten Jahrhunderts, die zwischen der genuinen Magie und den Do-it-yourself-Handbüchern unserer Zeit stehen, findet sich ein buntes Bündel von Anweisungen, sich durchs Leben zu schlagen – wie man Wölfe fängt, die Fallsucht kuriert oder den Teint schneeweiß macht, dazwischen dann Instruktionen für das, was wir heute Zauberkunststücke nennen würden. Bei Johann Wallbergen (1769) stehen beispielsweise zwischen Sommersprossenkuren und Wetterregeln die Anleitungen, »Einen Brief in ein Ei zu bringen« oder »Feuer ohne Mühe und Schaden aus dem Mund zu speien«. Bei gewissen barbarischen Spielereien wie »Zu machen, daß ein gebraten Huhn aus der Schüssel lauffe« (in der *Taschenspieler-Kunst*, 1768) wird bereits sinnfällig, daß der Zauberkünstler sich alles und jedes zum willfährigen Objekt präparieren möchte; er ist jedoch auch der Treuhänder einer alten Verwandlungssehnsucht, und das »Hokuspokus« wird nicht von ungefähr als blasphemisches Jahrmarktsecho der Meßformel *hoc est enim corpus meus* erklärt. Noch im Salon werden Mysterien der Wandlung zelebriert.

Es zeigt sich hier eine Utopie der schrankenlosen Kontrolle über die formbar gewordenen Dinge, einer Kontrolle, die uns gerade in ihrer scheinbaren Beiläufigkeit besonders fasziniert; und es ist noch dazu die Utopie des freiwilligen Gehorsams, als würden die Gegenstände im Flug durch die Luft nicht in eine genau berechnete Fron gezwungen, sondern freuten sich mitzuspielen (wie bei der Dressur im Zirkus ein Gutteil des Zaubers aus der fast immer irrtümlichen Vorstellung erwächst, sie mache den Tieren Freude). Diese Inszenierung genialer Kontrolle kann man im Zusammenhang mit der musikalischen Virtuosität sehen, deren eigentlicher Ort ebenfalls der Salon war und die ihren tiefsten Reiz auch aus der Überschreitung der gewohnten Grenzen des Möglichen zieht, vor allem, was die Geschwindigkeit angeht – die ganze Kunst ein einziger Teufelstriller (was dem Virtuosen, der, wie Robert Schumann abfällig bemerkt, »nichts hat als seine Finger«, die Verachtung des Künstlers einträgt). Schnell muß es gehen, bekennt noch der alte Ruf des Variétékünstlers: hey presto! Und wie alles, was schnell gehen soll, tendiert das Virtuosentum zum Desaster. Wie das Scheitern der angeblichen Virtuosität am Klavier zu den klassischen Clownsnummern gehört, so ist ein zusammenbrechendes Zauberprogramm ebenfalls eine komische Inszenierung von großer Beliebtheit: Ein hübsches Beispiel als scheiternde Zauberkünstler bieten Laurel und Hardy in dem MGM-Film *Hollywood Revue of 1929*.

Es gibt wohl nur noch einen einzigen anderen Ort, wo die virtuose, das Magische streifende Beherrschung des Objekts – jeglichen Objekts, nicht nur ausgewählter Gegenstände wie eines Balles oder fünf brennender Fackeln – eine solche Bedeutung hat: das ist die Stummfilmkomödie. Hier rennt eine ganze Studiobevölkerung von Clowns und Akrobaten herum und jongliert mit der Haushaltseinrichtung. W. C. Fields zeigt seine alten Music-Hall-Tricks mit Zigaretten und Billardqueues, Harold Lloyd verwandelt die Fassade eines Hochhauses in einen vertikalen Parcours der Mißgeschicke und der rettenden Griffe.

Zu den Qualitäten dieses improvisatorischen Slapsticks gehört wiederum etwas, das durchaus an alte magische, initiatorische Vorstellungen anschließen will – an den in die Urgeschichte aller Zivilisation gehörenden Topos der Verwandlung. Der überraschte Einbrecher im Herrenzimmer springt in die Nische, wo die zerbrochene Statue stand, rammt sich die Hand ins Hemd und erstarrt: Napoleon. Der hingekauerte Harpo Marx wird mit übergeworfener Decke zum Sessel, in dessen Tiefe eine Blondine mit überraschtem Schrei versinken kann. Aber der größte Zauberer der Objektbeherrschung regiert die Welt mit unwandelbar regloser Miene.

Buster Keatons berühmter Film *The General* ist die Geschichte eines kleinen Angestellten (eines gewissenhaften Lokomotivführers), der gerne ein Held wäre, dem die Gelegenheit dazu jedoch offiziell versagt wird: Wegen seiner kriegswichtigen Tätigkeit kann er nicht als Freiwilliger der konföderierten Armee in den amerikanischen Bürgerkrieg ziehen. Nun wird er dennoch hinter den Linien in ein Spionageabenteuer verwickelt, das den Helden in ihm zum Vorschein bringt; bei den noch heute visuell stupenden Verfolgungsjagden über alte Eisenbahnstrecken – keine andere amerikanische Stummfilmkomödie und wenige andere Filme der Zeit überhaupt geben einen solchen Eindruck von Landschaft und weiten, leeren Räumen – verfolgen einander auch die vertrackten Objektepisoden, die rasch und improvisatorisch gemeisterten Schwierigkeiten. Viele dieser Aktionen gleichen genial angemessenen Übersprungshandlungen. Emblematisch: Keaton verfolgt mit seiner Lokomotive – dem »General« – eine andere Maschine, die Verfolgten werfen Langholz auf die Gleise, um ihn zu stoppen. Keaton steigt hastig ab, läßt seine Lok langsam weiterfahren und rennt ihr voraus, um den ersten Baumstamm vom Gleis zu stemmen. Er hält, auf den Schienen stehend, schwankend die schwere Last in beiden Händen, als ihn von hinten der eigene Kuhfänger erfaßt: Da liegt er, immer noch mit dem Baumstamm beschwert, und der nächste auf den Schienen wird bereits vor ihm sichtbar. Keaton hebt nun mühsam, aber mit exakter Sicherheit seinen Stamm hoch und wirft ihn schräg so auf den nahenden zweiten, daß dieser durch den Aufprall hochhüpfend vom Gleis gehebelt wird – Problem B verschwindet mit der Lösung von Problem A; das hat etwas von der befriedigenden Logik gewisser Züge beim Schach. Nicht ohne eine eigentümliche Unheimlichkeit zeigt sich dieses erlösende Glück im Umgang mit Objekten auch an anderer Stelle, als Keaton, der mit ausholenden Bewegungen seines Säbels eine Artilleriepositon kommandiert, schließlich einen Heckenschützen (der einen Soldaten nach dem anderen von der Kanone weggeschossen hat und nun Keaton selbst zu erlegen droht) mit der sich unbemerkt vom Griff des Säbels lösenden, durch die Luft geschleuderten und im Rücken des Schützen steckenbleibenden Klinge tötet. So führt noch der defekte Gegenstand zum verdient unverdienten Triumph. Solche Ballette, in denen die widerspenstigsten und klobigsten Objekte plötzlich einverständig einer geheimen Logik gehorchen, mehr noch: in denen sie mitspielen zu wollen scheinen, sich auf die Bahn unserer Wünsche drängen, sind Zauberei. Wir können alles, bedeuten sie uns, wenn wir mit einem glücklich tastenden Griff, der einfach sitzt, den Schlüsselpunkt der Verwandlung finden, und manchmal bemerken wir es nicht einmal, wie eine mit nachtwandlerischer Sicherheit passende Geste hinter unserem eigenen Rücken alles ins Lot gebracht hat. Hier herrscht eine Plastizität der Dinge, in der das Zuhandene seine uralte Widerspenstigkeit und Feindseligkeit verliert, eine entzückende Disponibilität, eine für alles aufgeschlossene Freundlichkeit der Objekte, die nicht länger tückisch und gleichgültig liegenbleiben, sich verweigern oder gar zurückschlagen. Wenn die abreißende Vorderfront eines Hauses im Hurrikan auf Keaton stürzt, umrahmt sie ihn, der unverletzt und reglos stehen geblieben ist, nur gleichsam zärtlich mit der Öffnung des obersten Fensters.

Solcher bezaubernden Fürsorglichkeit des Gegenständlichen kann man eine Szene gegenüberstellen, in der der Held dem Objekt mit der voraussetzungslosen Neugier eines Kindes oder Außerirdischen gegenübertritt. Sie findet sich in dem im Oktober 1916 gedrehten *The Pawnshop*. Die Sequenz gilt zu Recht nicht nur als eine der großartigsten Episoden im Werk Charlie Chaplins, sondern als eine Schlüsselszene der Filmkomik überhaupt: Charlie nimmt als Angestellter einer Pfandleihe einen Gegenstand zur Prüfung entgegen, den ein Kunde beleihen möchte – es handelt sich um eine große, massive Weckeruhr. Diese Uhr unterwirft Chaplin nun einer Reihe von Manipulationen, deren Repertoire beim ersten Ansehen schier unerschöpflich wirkt – er untersucht sie wie ein Arzt, hört sie ab, testet sie mit dem Reflexhammer, macht sie dann mit dem Büchsenöffner auf und verfährt mit den Innereien wie ein Zahnarzt, ein Klempner, ein Juwelier mit der Lupe, beruhigt die hin- und herrollenden und -springenden Rädchen und Federn mit hastig aufgespritztem Öl, hämmert, analysiert und reicht die Uhr dann nach einer eleganten Abfolge ebenso subtiler wie brutaler Eingriffe kopfschüttelnd in Stücken zurück.

Chaplin zeigt sich uns zweifellos als einer der großen Improvisatoren der Filmgeschichte – die Szene, wie er in *The Gold Rush* seinen gekochten Stiefel verzehrt (die Schnürsenkel werden zu Spaghetti, die Nägel zu Gräten usw.), wäre bereits der schlagende Beweis. Er liefert in seinen frühen Filmen, ehe sich die Tramp-Figur zu stark mit Sentimentalität durchsetzt hatte, aber auch die vielleicht krassesten Beispiele – Hiebe, Bisse, Stöße – für die Gewalttätigkeit des Slapsticks, die geschäftige Reduktion des anderen Menschen auf den manipulierbaren Gegenstand. Diese sadistische Zurüstung gehört zum ureigensten Bestand jener Form von Komik, tatsächlich ist die Brutalität der improvisatorischen Manipulation, wie sie das Gegenüber plötzlich zur Schubkarre zweckentfremdet oder den anderen zum situativ unvermeidlichen Fußschemel erniedrigt, so etwas wie eine Zwischenstufe zu jener Slapstickperspektive, in der sich uns dann wiederum die ganze Objektwelt entgegenstellt: Erniedrigt der Mensch den Menschen zum Objekt, dann ist es, als fühlten sich alle Gegenstände ermächtigt, ihrerseits zum Kampf gegen die Menschlichkeit anzutreten.

Zeigt der Slapstick auf der einen Seite das herrlich-gehorsame Einverständnis der Objekte (Keaton), geht er also an seinem anderen Spektralende über in eine Destruktivität, der sich ebenso zauberisch überall eine Gelegenheit bietet, den Mitmenschen wie einen Gegenstand zu malträtieren. (Und er muß es sich, kraft der Erfindungen ausgeklügelter Situationslogik, gefallen lassen: In *The Circus* wird Chaplin, der Vagabund, von einem kleinen Ganoven über den Jahrmarkt verfolgt; als beide an der Fassade einer Bude, wo sich mechanische Puppen bewegen, miteinander zu raufen beginnen, bemerken sie, daß ein Polizist hersieht. Sie nehmen – eine rasche Improvisation – das Wesen zweier Fassadenautomaten an, tun so, als gehörten sie in die Puppendekoration, und Chaplin schlägt in rhythmischen Abständen seinen Antagonisten auf den Kopf, um dann ruckartig den Kopf in den Nacken zu werfen und den Mund zu einem stummen – im Stummfilm doppelt stummen – Gelächter aufzureißen. Der andere darf sich unter dem ratlos-argwöhnischen Blick des Polizisten nicht rühren und leidet die Schläge, bis er bewußtlos umfällt.)

Dieser Slapstick veranschaulicht eine Form von Praxis, deren Komik sich dadurch ergibt, daß der geschilderte utopische Impuls (daß alle Objekte mit unseren Plänen gehorsam, ja lustvoll zusammenspielen) sein Vorzeichen umkehrt: Alle Objekte schmiegen sich uns in die Hand – zum Zwecke der Zerstörung. Alles ist mit einem Male, haben die Schauspieler die erste Sicherung mit genüßlicher Konsequenz durchbrennen lassen, zuhanden zum großen Werk der Zerstörung, und erst wenn alles irreparabel vernichtet ist (James Finlaysons Haus und Stans und Ollies Auto in *Big Business*), endet der Zyklus.

In gemilderter Form zeigt sich diese aggressive Haltung als das, was Charles Barr in seinem schönen Buch über Laurel und Hardy mit einer glücklichen Formulierung »inspired opportunism« genannt hat. Diese Haltung gewinnt den ursprünglichen Sinn des Wortes »Opportunismus« zurück: Sie weiß alle Gelegenheiten zu ergreifen und sie erkennt sie rücksichtslos auch da, wo das allzu rationale Bewußtsein, festgelegt auf bewährte Abläufe, sich keinen Rat mehr weiß – »Das gibt eine Queraufnahme«, wie es in der Photoatelier-Szene von Karl Valentin und Liesl Karlstadt heißt, die eine kleine Enzyklopädie der ingeniösen, aber verfehlten Improvisation darstellt. (»Wir möchten Brautbilder haben … – Wie viel? – Ein halbes Dutzend bitte. – Soviel wern ma gar net ham [*Nimmt Bilder und zeigt sie her*]. – Von uns wollen wir doch Bilder haben, das sind wir ja gar nicht. – A so, von eahna wollens welche ham, ja de müßten aber extra angefertigt werden … Diese Firmlingsbilder wern sehr gern gekauft – oder soll's was in Uniform sein? – Das wären mehr so Massenaufnahmen …«) Die ins Atelier verirrten Kunden werden hier behandelt wie widerspenstige Elemente eines tristen Stillebens: »*Nimmt Bukett, legt es Braut zu Füßen, steckt's dann Braut in das Kleid, dann in den Mund*: ›So ist's gut – einen Moment …‹«

Dieser zerstörerische Slapstick setzt die antagonistische Situation voraus, daß Figuren miteinander kämpfen und zu diesem Kampf alle Möglichkeiten der Objektwelt aufbieten. Der Widerstreit erweitert sich aber gerne zu einer sozusagen höheren Stufe, die keinen anderen Antagonismus mehr kennt als den der Figuren und ihrer Existenz in einer Welt. Erkennbar wird diese gnadenlose Gegensätzlichkeit an der unbegrenzten Bereitschaft eben jener Welt, dem Menschen in all ihren Details feindselig gegenüberzutreten. Das tut sie derart ingeniös, daß ich es ihre Fähigkeit zur »negativen Improvisation« nennen möchte. Das geschilderte Gestenrepertoire der magischen Komik Keatons steht unter dem Gesetz, daß mit Geschick und Glück alles gehorcht und gelingt; der rabiate Aggressionsslapstick gehorcht der Einsicht, daß alles – auch das Unerwartete – dazu taugt, dem Mitmenschen eins über den Schädel zu geben; der Slapstick der negativen Improvisation lebt (unseres Sündenfalls in die Aggression wegen?) aus der Logik, daß alles mißlingen muß, was wir anrühren. Das ist sehr komisch.

*

> ... brachen viele Männer in schallendes Gelächter aus, und der Improvisator geriet in Verlegenheit.
> PUSCHKIN, Ägyptische Nächte

Wir leben dann mit einem Male, ganz deutlich faßbar, in einer Welt, wo jedes unscheinbare Fädchen, an dem man abwesend oder mit müßiger Neugier zieht, das ganze Haus zusammenfallen läßt – ein beiläufiger ordnender Griff (Loriots »Das Bild hängt schief«) bringt *à la longue* die Wohnung zum Einsturz. Der Slapstick, den Hollywood entwickelt hat, nahm seinen Anfang in Frankreich, wie Mack Sennett, der große Produzent von Stummfilmkomödien, in seiner Autobiographie eingesteht: »I stole my first ideas from the Pathés.« Dieses französische *cascadeur*-Kino, in dem man noch in jeder Einstellung die optischen Echos des Variétés und des Zirkus erkennt, ist von Nicole Védrès schön beschrieben worden: »Und im exakten Augenblick, in dem der Fußboden des Zimmers wegstürzte, wußte jeder genau, wohin er zu springen hatte – der eine aufs Klavier, der andere in den Gummibaum, die Zylinderhüte noch in den Händen, mit baumelnden Lorgnetten und bebenden Bärten.« Eine bizarre Logik beherrscht diese Desaster, und man sieht die bürgerliche Topfpflanzenidylle als explodierendes Zaubertheater.

Im Slapstick des amerikanischen Kinos lassen sich zwei Schulen unterscheiden, die man mit den Namen Sennetts und Hal Roachs in Verbindung bringen kann: Sennett ist der Choreograph der entfesselten wilden Jagd durch Gebäude und Städte, bei der die groteske Polizeitruppe der Keystone Kops in ihrem Auto, vor dem sich Passanten mit entsetzten Sprüngen retten, um Straßenecken wirbelt; Roach führt seine Figuren – etwa Laurel und Hardy – in eine eher statische, mit hundert Möglichkeiten der Verwicklung ausgestattete Peinlichkeitssituation »und sieht«, wie Raymond Durgnat trocken bemerkt, »ihnen methodisch dabei zu, wie sie nicht wieder herauskommen«. Sennett scheint insofern der weiter avancierte Komikfabrikant, als er die urbane Schockerfahrung losgelassener Geschwindigkeit zelebriert, ein Virilio der Sahnetorten: Alles ist zapplig-schnell geworden, so rasch, daß man es auf den ersten Blick nicht verarbeiten kann – daher die Bedeutung des rituell-komischen Topos des »double-take«, des zweimaligen Hinschauens: Ein Schauspieler sieht etwas Verrücktes oder Bedrohliches, nimmt es aber nicht eigentlich begreifend wahr und schaut wieder weg; eine Sekunde später ist die Apperzeption da und der Kopf ruckt entsetzt zum zweiten Mal in die alte Richtung. Die Geschwindigkeit ist für die Zuschauer genüßlich-katastrophisch erlebbar, halb ergreift sie der Schreck, halb sind sie hingerissen. (Schon in einem Wort wie »hingerissen« liegt ein schönes Erinnerungsmoment an die Körperlichkeit des Ästhetischen, in seinen erhabenen wie in seinen gemeinen Momenten, ein rascher Ruck.) Auf das Tempo kommt es an: Dem »jungen Zauberer« rät der große Houdini: »Work as quickly as you can.« Uns aber, die wir keine Zauberer sind und doch immer so rasch arbeiten müssen, wie wir nur können, fällt alles hinunter.

Hal Roachs Langsamkeit erweist sich allerdings auf den zweiten Blick als die möglicherweise interessantere Variante; der »slow burn« des reglosen Wartens von A, während B ihm etwas antut, bis schließlich A wieder drankommt und dem stummen B etwas zuleide tut – das ist ebenso eigenartig (und vielleicht selbst psychologisch »wahrer«, als man meinen sollte) und bei aller Komik sinister wie der Fluch, der auf dieser Filmwelt lastet: daß alles glorios danebengeht. In diesen Filmen sind die Straßen der Städte wie die Interieurs voll von Gegenständen und Situationen, die darauf warten, uns stolpern zu lassen, im buchstäblichen wie metaphorischen Sinne. In der Welt zu existieren heißt, Opfer einer Verschwörung von Kontingenzen zu sein.

Das, was man heutzutage lakonisch als »Murphy's Law« bezeichnet – was schiefgehen kann, das geht auch schief –, hat einen philosophisch anspruchsvollen Vorläufer im Roman eines posthegelianischen Philosophen, der unter dem Titel »Auch Einer« 1878 erschien. Dort hat Friedrich Theodor Vischer gleich auf den ersten Seiten einen Begriff geprägt, den viele kennen, ohne daß ihnen der Kontext geläufig wäre: die »Tücke des Objekts«. Auf sie nämlich reagiert der seltsame Held des Buches mit ungezügeltem Furor, und der unvermeidlichen Frage nach dem eigentlichen Grund seiner Wut antwortet er unter anderem: »Mein Herr, das Weib hat Zeit für den Kampf mit dem Racker Objekt, sie lebt in diesem Kampf, er ist ihr Element; ein Mann darf und soll keine Zeit hierfür haben, er braucht seine Geduld auf für das, was der Geduld wert ist. Über die Zumutung, beides zu verwenden an das Unwerte, kann, darf, soll er wüten! Sie können doch wissen, daß die elenden Objekte, diese Igel, diese Nickel, sich nie lieber einhaken, als wenn wir die höchste Eile haben, etwas fertig zu bringen, was nötig und vernünftig ist! Elender Bettel, nichtswürdiger Knopf oder Knäuel eines Bändels, Lorgnettenschnur, die sich um einen Westenknopf wickelt, just, wenn es auf der Eisenbahn aufs äußerste eilt, einen klein gedruckten Fahrplan nachzusehen, ich hab' ja keine Zeit, keine Zeit für euch!«

Den Objekten wird die Fähigkeit zugeschrieben, sich improvisatorisch (»Der Haken schlich in einer Nacht über das Tischchen …«)

gegen den Menschen zusammenzurotten. Zum »Knäuel eines Bändels«, zum Knoten schürzt sich uns alles, und die Desaster des Slapsticks stellen das Durchhauen des Knotens durch einen enervierten Alexander dar, dessen Schlachten immer schon mit der Niederlage beginnen. Eigenartigerweise hat Vischer gleich zu Beginn seines Romans eine Szene beschrieben, die jeder Leser nach Erfindung des Films sogleich als filmischen Slapstick wiedererkannt hätte – diese merkwürdige Antizipation beschreibt einen »Hochzeitsschmaus«, bei dem sich dem Erzähler ein Rockknopf unter eine große silberne Servierplatte hakt, als er sich nach der Gabel bücken will, die seiner Nachbarin hinuntergefallen ist – »der ganze Plunder, den [die Platte] trug, Saucen, Eingemachtes aller Art, zum Teil dunkelrote Flüssigkeit, rollt, rumpelt, fließt, schießt über den Tisch, ich will noch retten, schmeiße eine Weinflasche um, sie strömt ihren Inhalt über das weiße Hochzeitskleid der Braut zu meiner Linken, ich trete der Nachbarin rechts heftig auf die Zehen; ein andrer, der helfend eingreifen will, stößt eine Gemüseschüssel, ein dritter sein Glas um ...« Was filmisch wirkt, ist vor allem die Geschwindigkeit, die ähnliche Sequenzen bei Wilhelm Busch nicht haben, weil jedes Moment des dort abrollenden Desasters in liebevoller Momentaufnahme fixiert bleibt. Bei Vischer »rollt« der Ablauf mit boshaftem Schwung über das Tischtuch. Das, was ich das »negativ Improvisatorische« genannt habe, zeigt sich in der anschwellenden Katastrophe: geschickt wird jede Möglichkeit zur weiteren Verkomplizierung ergriffen, von – wem? den Dingen? Unserem Unbewußten, das ein Bündnis mit der Katastrophe geschlossen hat? (Wir wollen nicht vergessen, daß in Freuds einschlägiger Schrift über die *Psychopathologie des Alltagslebens* nicht nur das »Versprechen«, sondern auch das »Vergreifen« bereits im Titel eine große Rolle spielt.) Dem »Leben«?

Es ist dies eine eigenartige Steigerung der Alltagserfahrung, daß man mit den Dingen hie und da seine Schwierigkeiten bekommen kann: Im idealen Slapstick wird *alles*, einfach weil es da ist, zur Quelle der Panik – weil wir nicht begreifen, weshalb es da ist oder weshalb es in der augenblicklichen Situation nicht so da ist, wie wir es gewohnt sind. (Unser Mangel an Flexibilität ist komisch: Stan Laurel hat die Angewohnheit, bei den Häusern, in die er aus irgendeiner Plotmechanik heraus mit Ollie nachts einbrechen muß, erst einmal an der Türe zu klingeln.)

Was kann nicht plötzlich alles geschehen! Viele Slapstickszenen sind eine schöne und beunruhigende Mischung aus Geschicklichkeit und Vulgarität: Louise Fazenda sitzt an der Kasse des Restaurants und zieht sich gelangweilt den Kaugummi lang. Ein Kunde hascht ihr den Kaugummistrang mit seinem Spazierstock aus dem Mund, rollt ihn zusammen, schiebt ihn sich genüßlich in den Mund und geht ab (*A Hash House Fraud, 1915*).

*

Ein Wiener Nachtlokal … ROLF ROLF, DER STEGREIFDICHTER *(ist soeben, halb singend, mit der Konzeption eines Gedichtes beschäftigt, das sich auf hingeworfene klassische Zitate und Huldigungen für anwesende Truppengattungen aufbaut):*
Die Legionäre haben viel geleistet –
Das liegt schon so in der Natur.
Rufe: Bravo! Bravo!
Und sehn Sie – wenn ich das betrachte –
So fällt mir vom Herzen eine Last –
Wenn ich sage – zu der Dame dorten –
Du doch Diamanten und Perlen hast!
Und hier – zu diesem deutschen Soldaten
Sag ich: Es zogen nach Frankreich zwei Grenadier'.

Heut aber – das muß ich schon sagen –
Ist es – fürwahr – doch sehr – stier!
Gelächter. Rufe: Oho! Bravo! Bravo! …
KARL KRAUS, *Die letzten Tage der Menschheit*, III, 45

Wenden wir uns einen letzten Moment lang der literarischen Improvisation im Sinne des neunzehnten Jahrhunderts zu. In dem Zitat von Karl Kraus ist diese situative Kunstfertigkeit zum grotesk schäbigen Handwerk geworden: 1916 erscheint sie herabgekommen zu einer mechanischen Farce. Was der Beruf des Improvisators aber zuvor bedeutete, des Künstlers, der als ferner Nachfahr des archaischen Barden vor exklusiver Gesellschaft über ein gestelltes Thema zu singen anhebt, kann man in Hans Christian Andersens Roman *Der Improvisator* oder in der zitierten Erzählung Puschkins nachlesen – Schicksale des Dichters, dem der Salon Zettelchen zuwirft, deren Stichworte er unverzüglich in Kunst zu verwandeln hat. Sein Künstlertum wird zwar vorwiegend als Kuriosität geschätzt, immerhin mußte er ein – wenn auch zu Schwerstarbeit verurteilter – Dichter sein. Dieser inspirierte Sänger ist in den »letzten Tagen der Menschheit« zur komischen Zugnummer geworden, und das, was ursprünglich doch nur begleitender Reiz war, die Schlagfertigkeit, das Rasche der Komposition, bleibt als einzige Attraktion mühsamer Knittelverse übrig. In dieser depravierten Form aber, in dieser Hektik, die verzweifelt die herumliegenden Assoziationen zusammennagelt, scheint sich wiederum etwas von unserem allgemeinen Elend zu zeigen. Wir müssen ständig auf gebieterische Zurufe von Langweilern und Idioten reagieren; wir haben keine Zeit zur Vorbereitung und sollen rasch etwas Wunderbares singen. Und dabei haben wir nur ein begrenztes Repertoire von Handwerkskniffen, dessen Erschöpfbarkeit man nicht bemerken darf.

Hier könnte im übrigen (während sich schon der Vorhang senkt und der Autor sich in die Falten verwickelt) noch auf einen anderen, nicht hinreichend vermessenen Berührungspunkt der radikal modernen Ästhetik des Improvisatorischen (*objet trouvé*, Collage, *cut-up* usw.) mit der unruhigen Bewußtlosigkeit des Alltags hingewiesen werden – das Basteln. Der Bastler ist eine gleichzeitig lächerliche und heroische Gestalt; die Bezeichnung seines Tuns im Französischen, *la bricolage*, scheint den Abgrund zwischen den beiden Erfahrungswelten leichter zu überbrücken als das deutsche »Basteln«. (Wer sich schulen möchte, was Basteln bedeutet, sollte die Geschichte von Entenhausen studieren.) Wird in der Komik Keatons die Objektwelt in der Form eines Balletts disponibel, bei dem alles mittanzt, so zeigt der Slapstick die Nachtseite einer Welt, in der alle Objekte auf unsere Berührung katastrophisch reagieren und wir selbst mit Haut und Haaren zum Objekt geworden sind. Zwischen diesen Welten rennt der *bricoleur* unruhig hin und her, versucht hier wie dort einen Nagel einzuschlagen, ohne den Unterschied der beiden Reiche wirklich zu begreifen (was seine besondere Glücksfähigkeit ausmacht). In unserem Leben steckt ein Traum von überlegener Geschicklichkeit, souveräner, rascher Geste – die Utopie des richtigen Griffs. Der Slapstick ist eine negative Utopie dieser Plötzlichkeit und Zielsicherheit – die, daß jene Kräfte uns nicht zuwachsen, sondern auf uns zielen. Kann man sie noch einmal verwandeln, wenn man sich an die richtige Stelle unter die stürzende Hauswand stellt?

Das Totenreich. Gespräch mit den Phantomen

»Glauben Sie, daß es Gespenster gibt, Max?« wollte Mr. Carlyle wissen.
»Nur *als* Gespenster«, erwiderte Max Carrados entschieden.
»Ganz recht«, stimmte ihm der Privatdetektiv zu – mit jener beipflichtenden Miene, die bei ihm die Konfusion verbergen mußte.

ERNEST BRAMAH, The Ghost at Massingham Mansions

Da schlafen im stillen Revier
die Mumien schwarz und verdorrt
in Gräbern aus weißem Papier.
Tritt ein in das stille Revier.
Vielleicht gefällt es dir dort.

PETER GAN, Die »Windrose« spricht

»For God's sake! – quick! – quick! – put me to sleep – or, quick! – waken me! – quick! – *I say to you that I am dead!*«

E. A. POE, The Facts in the Case of M. Valdemar

Die diversen Vorstellungen, welche sich die Menschen von einem Weiterleben der Individualität konstruiert haben, entspringen der Verliebtheit in die eigene Person, der Zuneigung zu anderen Menschen, deren Verschwinden uns unglücklich macht, dem Sehnen nach dem schönen »Überfluß der Welt«, der uns nicht versiegen soll, und dem Hunger nach Gerechtigkeit. Letzterer führt immer sein Gegenteil mit sich, es tritt als dunkles Motiv die Angst vor der Bestrafung all unserer eigenen vielfältigen Lebens-Missetaten hinzu. Jedenfalls nähren all diese Impulse auch in einer Epoche, die kein geordnetes Bild von einer jenseitigen Existenz mehr kennt, das vage, doch intensive Gefühl, mit dem eine Anderswelt der Toten erahnt werden soll; es speist sich auch aus den vielen, vielen Geschichten über die Totenländer, welche die Menschheit sich im Lauf sehr langer Zeit erzählt hat. Diese sind vielleicht am Interessantesten und Verwirrendsten dort, wo sie zu keiner Eindeutigkeit finden. Ist das Totenreich ein Wirtshaus? »Im Nobiskrug, heißt's in der Altmark, kommen wir alle einmal nach dem Tode zusammen, da wird Karten gespielt, und die, welche das im Leben nicht gelernt haben, müssen dort Fidibusse machen« – für die Raucher. »Wer bei Lebzeiten nichts getaugt hat, muß dort Schafböcke hüten. Andere aber sagen, im Nobiskrug erhalte man den Paß zum Himmel, und wieder andere meinen, der Nobiskrug sei der Himmel selber.« (Kahlo, *Niedersächsische Sagen*, I, 1923). »Nobis« bedeutet im Rotwelschen »nichts«, »nein« – es handelt sich also um einen Ort der Negativität, von dem übrigens an anderer Stelle erzählt wird: »... in Nobiskrug, da man die öpfell auf den simsen oder in den fenstern bratet.« Das ist die Hitze der Hölle, die überhaupt häufig in seltsamen Formen vorgestellt wird, zu denen ein unfreundlich-langweiliger Gasthof nicht schlecht paßt. Die Toten aber spielen dort Karten – was eine gewisse Ungerührtheit suggeriert und jedem, der diesen Zeitvertreib einmal betrieben hat, klarmacht, daß ihnen auch die Ewigkeit im Nobiskrug nicht wirklich lange werden wird.

Die Hinterbliebenen sehnen sich meist nach den Toten. Die Toten wiederum – so stellen es sich ebendeshalb die von Sehnsucht oder von Angst erfüllten Lebenden vor – wollen bei den Lebenden sein, sie beobachten sie, sehnen sich nach ihnen. Es ist, als gingen Wünsche und Neugierden hin und her. Die Lebenden träumen von ihren Toten, aber gelegentlich auch von deren unbegreiflicher Welt. Diese wird oft im Sinne einer Erhabenheitsästhetik beschworen; es zieht uns »Zum Reich der Schläfer. Zu den Hetairien / Der Toten unten. Zu den hohen Palästen, / Davon die Bilder in dem Strome ziehen, / Zu ihren Tafeln, zu den langen Festen.« (Georg Heym, »Der Schläfer im Walde«) Diese langen Feste sind wie ein Echo aus Novalis' Gedicht »Lied der Toten«, das beginnt mit »Lobt doch unsre stillen Feste …« Es ist sehr erstaunlich, daß gerade Novalis, der Autor von *Die Christenheit oder Europa*, eine Gegenutopie der Totenexistenz entworfen hat, die mit christlichen Vorstellungen nichts gemein hat und eine Art Erotik des zur Ruhe gekommenen, ewig genießenden Totenlebens entwirft. Dort werden wir alle vereint sein.

Kinder der Vergangenheiten,
Helden aus den grauen Zeiten,
Der Gestirne Riesengeister,
Wunderlich gesellt,
Holde Frauen, ernste Meister,
Kinder und verlebte Greise,
Sitzen hier in *einem* Kreise,
Wohnen in der alten Welt.

Novalis' Gedicht entwirft grandiose Visionen, schön, süß, schmerzlos. Öfters aber erscheinen in unseren Phantasien die Toten in einer bescheideneren Form. Sie haben ein eigenes Leben, das wir nicht begreifen. Doch wir ahnen: Es gleicht seltsam dem unseren. Die Toten – merkwürdiges Motiv der Volkssage wie der Anekdote – frieren. Sie gestikulieren vor den erleuchteten Fenstern der Lebenden wie flehende Wanderer; Ensor hat »Skelette, die sich zu wärmen versuchen« gemalt. In dieser ihrer schwer begreiflichen, aber der unsrigen gerade in der Hilflosigkeit so ähnlichen Existenz haben die Toten unser Mitgefühl verdient, aber wir vergessen die Toten, obwohl wir das nicht tun sollten. Da wächst ihnen wieder die Bedrohlichkeit zu, die unserem schlechten Gewissen entspringt. Das wunderbare Gedicht von Jules Laforgue »Complainte de l'oubli des morts« beschwört diese Ängste: »Mesdames et Messieurs / Vous dont la mère est morte, / C'est le bon fossoyeux / Qui gratte à votre porte.« – Ein Kratzen an der Türe … Und dann:

Les morts
C'est sous terre;
Ça n'en sort
Guère.

Kaum einmal kommen die Toten wieder unter der Erde hervor … Und am Ende heißt es:

Importun
Vent qui rage!
Les défunts?
Ça voyage …

Unterwegs sind sie, die Toten.

*

While yet a boy I sought for ghosts, and sped
    Through many a listening chamber, cave and ruin,
    And starlight wood, with fearful steps pursuing
Hopes of high talk with the departed dead.

SHELLEY, »Hymn to Intellectual Beauty«

Ich sehe schon, daß du mich nicht kennst;
Fürchte dich nicht! Ich bin nur ein Gespenst.

MÖRIKE, »Rotkäppchen und Wolf«

Die Idee, es möchte möglich sein, mit den Toten zu sprechen, ist unserer historischen Erinnerung vor allem als sentimentale gegenwärtig – der Spiritismus ist der Inbegriff eines organisierten Verkehrs mit den Entschwundenen geworden. Der Spiritismus, von allen Genera des Okkultismus der Neuzeit vielleicht jenes, wo sich am Erstaunlichsten widersprüchliche Züge vermengen – Sentimentalität und der Apparat der experimentellen Wissenschaft, Metaphysik und die klebrige aus dem Mund gespieene Substanz des »Ektoplasma« – bildet seit dem Jahre 1848, als die Schwestern Fox in Hydesville, New York, von seltsamen Klopfgeräuschen zu berichten begannen, eine Konstante, doch sind seine großen Perioden Nachkriegszeiten (die Folgejahre des amerikanischen Bürgerkriegs, des Ersten Weltkriegs), in denen eine fassungslose Trauer um so viele Tote sich verdichtete zu dem Wunsch, noch einmal mit ihnen zu sprechen, ein Zeichen von ihnen zu erhalten … Der Apparat der Inszenierungen umfaßte ein bedeutendes Repertoire von geschickten Tricks. Kein Wunder, daß der große Bühnenmagier und Enfesselungskünstler Houdini in eifersüchtiger Konkurrenz einen Entlarvungsfeldzug begann und auf den Umschlag seines Buches *A Magician among the Spirits* (1924) unter anderem über den Autor drucken ließ: »Obwohl er tiefsten Respekt vor dem ehrlichen Glauben jedes Menschen hat, ist er der unnachsichtige Feind bewußten Betrugs...« Seit Houdinis Zeiten hat der Agon zwischen Okkultisten und skeptischen Zauberkünstlern nicht aufgehört. Beide sind Spezialisten für das rätselhafte Verschwinden und Auftauchen.

Wer ein Kind, einen Gatten, einen Freund, irgendeinen geliebten Menschen verloren hat, will aus Liebe (ein Wort, das stets ein komplexes Gemenge bezeichnet) noch einmal mit ihm sprechen und etwas von ihm hören; das ist der prägende Zug der spiritistischen Séance. Doch ursprünglich spricht man mit den Toten, um ein Wissen zu erlangen, das mit persönlicher Gefühlsverbundenheit nichts zu tun hat. Die archaische Totenbeschwörung will eine Information erzwingen: Saul läßt die Hexe von Endor den toten Samuel beschwören, Odysseus dringt in den Hades vor, um Tiresias zu befragen (bei jener denkwürdigen Gelegenheit spricht zu ihm der große Achill – in Voß' Übersetzung: »Nicht mir rede vom tod ein trostwort, edler Odysseus! / Lieber ja wollt' ich das feld als tagelöhner bestellen / Einem mann, der ohn' eigenes erb' in dürftigkeit lebte / Als die sämtliche schaar der geschwundenen todten beherrschen.« Lieber im Leben der geringste Knecht – man muß versuchen, zu ermessen, was dies für einen griechischen Helden bedeutete – als in der Unterwelt der Höchste.) Eine solche Begegnung mit den Toten soll die Lebenden belehren und beglaubigen: »Nur wer mit Toten vom Mohn aß, von dem ihren...« Für dieses *commercium* zwischen Toten und Lebenden gibt es privilegierte Stellen, die sich im Lauf der Jahrhunderte ändern. Wir mögen nicht genau wissen, was hinter der letzten Türe liegt; Rabelais sprach von *le grand peut-être*, und Nabokov läßt seinen Dichter John Shade mit seltsam überzeugender Wortspielbizarrerie daraus *grand potato* machen (in unmittelbarer Nähe wird mit komplexer Akronymie das »Institute for Preparation of the Hereafter« eingeführt, IPH = *if*). Den Umriß einer solchen Tür, die in das Vielleicht ... oder Wenn ... führt, glauben wir gelegentlich zu erkennen. Unser Zeitalter hat sich auch hier von der Orthodoxie abgewandt, und es ist eine charakteristische Illustration unserer hoffnungsvollen Skepsis, daß zu den Geheimtüren und Brückenköpfen des Jenseits tatsächlich die Bühne des Illusionismus zählt. Der Zaubertrick – an den man auch nicht glaubt, von dem man aber erstaunt ist – ist hier die grundlegende Denkfigur, und es gehört ja zu den Spezialitäten der Zauberei, jemanden spurlos verschwinden zu lassen oder schmerz- und folgenlos zu töten (die zersägte Jungfrau). Der Variétézauber spielt in seinen ambitioniertesten Formen gerne ein Spiel mit dem Tod; auch hier hat Houdini Maßstäbe gesetzt, der als Entfesselungskünstler Situationen konstruierte, die ihn gelegentlich wirklich an den Rand der Todesgefahr brachten – in eine mannshohe, mit dem Schlüssel abgeschlossene, mit Ketten umwundene Metallmilchkanne gesperrt, die dann unter die Eisdecke des winterlichen Flusses geschoben wird …

Die vielleicht schönste – und insofern natürlich unheimliche – Geschichte aus der Tingeltangelwelt des Illusionismus ist Joseph Payne Brennans »Levitation«. In einer amerikanischen Kleinstadt schlägt ein Jahrmarkt seine Zelte auf; unter anderem führt unter dem Abendhimmel ein Hypnotiseur seine Künste vor. Ein junger Mann stellt sich nach einem gewissen Hin und Her als Versuchsperson zur Verfügung; der Hypnotisierkünstler befiehlt ihm, nachdem er den Widerspenstigen in Trance versetzt hat, er solle sich erheben. Und »die Menge sog den Atem mit einem hörbaren kollektiven Aufstöhnen ein. Der junge Mann, der steif auf dem Podium lag, begann sich ohne eine Muskelregung horizontal nach oben zu bewegen. Langsam, zunächst fast unmerklich, aber bald mit einer steten und unbestreitbaren Beschleunigung.« Schon ist er, während der Hypnotiseur seinen Befehl: »*Rise!*« wiederholt, einige Fuß in die Luft gestiegen, als der Hypnosekünstler plötzlich die Hand an die Brust führt, taumelt und zusammenbricht. Die verwirrte Menge muß feststellen, daß er tot ist. Dann schreit jemand auf: Noch immer gehorcht der Hypnotisierte dem Befehl des Toten.

»Hinauf, hinauf, bis er die Höhe des Jahrmarktszelts erreicht hatte, bis er so hoch war wie die höchsten Bäume – bis er an den Bäumen vorbei in den weich vom Mondlicht erhellten Frühoktoberhimmel stieg.

Viele in der Menge warfen die Hände vor ihre schreckverzerrten Gesichter und wandten sich ab.

Diejenigen, die weiter emporstarrten, sahen, wie die schwebende Menschengestalt in den Himmel stieg, bis sie nur noch ein kleiner Fleck war, dann ein Stäubchen, das nahe dem Mond emporzog.

Dann verschwand sie ganz und gar.«

Der Illusionismus, *par excellence* die Kunst des Verschwindenmachens, ist ein Eingang in das Totenreich. Verblüffenderweise hat dies insbesondere Woody Allen nach einer kleinen Vorstudie in *New York Tales* in *Scoop* dargestellt. Das hat auch seine Logik, denn von allen Geheimnissen des Todes ist seine Komik das geheimste, umstellt von unseren Tabus.

*

DIREKTOR HASSENREUTER Geschenkt, geschenkt! [...] ha ha ha ha! [...] Es fehlt nur noch, daß sie uns Ihre Gespenstergeschichten nochmals auftischen, vom Kavalleristen Sorgenfrei, der sich nach Ihrer Meinung seinerzeit, als das Haus noch Reiterkaserne war, mit Sporen und Schleppsäbel auf meinem Boden erhängt hat. Und daß Sie den noch in Verdacht nehmen.

KÄFERSTEIN Sie können den Nagel noch sehn, Herr Direktor.

QUAQUARO Det wird in janzen Hause rum erzählt von den Soldat, namens Sorjenfrei, der sich irgendwo hier oben in Dachstuhl mit 'ne Schlinge jeendigt hat.

KÄFERSTEIN Die Tischlersfrau auf dem Hof und eine Mäntelnäherin aus dem zweiten Stock haben ihn wiederholt bei hellichtem Tage aus dem Dachfenster nicken und militärisch stramm heruntergrüßen sehn.
QUAQUARO Een Unteroffizier hat dem Soldaten Sorjenfrei ja woll eene Dunstkiepe jenannt und 'n aus Feez eene rinjelangt. Det hat sich der Dämlack zu Herzen jenomm.

GERHART HAUPTMANN, Die Ratten

Von allen Wurzeln des Gespensterglaubens reicht vielleicht immer noch am tiefsten die Vorstellung eines ungesühnten Unrechts. Daß nach einem Mord eine späte Gerechtigkeit unversehens und rätselhaft eintreten wird, ist der Balladenstoff schlechthin: »Da liest er an des Galgens Holze: Batavia. Fünfhundertzehn«, »Es wächst die Blume Tulipan aus einer Knochenhand …«, »Die Sonne bringt es an den Tag …« Hier grüßt uns der Fluch des Totenreiches. Die Volkssage wie die hohe Literatur – und alle Abstufungen des naiven und raffinierten Erzählens dazwischen – meditieren über die Hartnäckigkeit, mit der das Abgeschiedene sein Recht einfordert. Die Wunden Siegfrieds beginnen zu bluten, als Hagen an die Bahre tritt. Der unschuldig zum Galgen Geführte lädt den Richter »binnen dreißig Tagen« vor Gottes Richterstuhl, und dieser stirbt denn auch bald. Andere Geschädigte laden Schmäher und Lügner nach dem Tode »ins Tal Josaphat« (ein Echo aus Joël 4, 2), wo Recht gesprochen wird. Ehre und Recht (diese schwer zu trennenden Kategorien) rufen, einmal verletzt, unablässig nach Sühne, bis über den Tod hinaus. Die Gespenstergeschichten (die literarischen und noch mehr die des Volkes) umkreisen den Topos der ruhelosen Seele, die eines Unrechts wegen schweift. Entweder eines Unrechts, das sie begangen hat und nun mit hilflosen Gebärden gutzumachen sucht, oder eines ihr angetanen wegen. Immer markiert diese Vorstellung das alte Ohnmachtsgefühl der menschlichen Phantasie angesichts des Ungesühnten, über das die Geschichte, die kleine und die große, hinweggeht. Jeder Tag, den wir durchleben, häuft neue Ungerechtigkeiten auf; werden sie nie aufgehoben? In seinem berühmten Lazarus-Gedicht fragt Heine: »Warum schleppt sich blutend, elend, / Unter Kreuzlast der Gerechte, / Während glücklich als ein Sieger / Trabt auf hohem Roß der Schlechte?« Die Konsequenz auf diese Frage zieht das Gedicht in seiner letzten Zeile durch die Form: »Also fragen wir beständig, / Bis man uns mit einer Handvoll / Erde endlich stopft die Mäuler – / Aber ist das eine Antwort?« Das kunstvolle Ausbleiben des Reims ist diese Antwort; die besteht in der Verweigerung.

Die Religionen behelfen sich mit Konstruktionen wie der strafenden Hölle (oder immerhin dem Fegefeuer) und dem Karma, das uns Sünder durch die Reinkarnationen wandern läßt und uns besonders bescheidene Verkörperungen anweist, wenn wir besonders böse waren. (Die eigenartige Implikation dieser Lehre ist es, daß alle Menschen schon ein sehr hohes Niveau der Existenz erreicht haben – einfach, indem sie als Menschen geboren werden durften.) Von der Hölle sind wir weitgehend abgekommen. Die Vorstellung einer unvorstellbar gräßlichen und insbesondere ewigen, unwiderruflichen Pein (also jene Qualität, welche die Hölle vom Fegefeuer unterscheidet, aus welchem die »armen Seelen« durch Gebet erlöst werden können) hat eine Grausamkeit, die in vergangenen Zeitaltern den Gerechten noch zur Ergötzung diente: Zu den Freuden der Seligen zählte der Anblick der Verdammten. Uns ist dieser Höllensadismus – dessen letztes großes literarisches Merkzeichen die Schulansprachen von Father Arnall über die Ewige Verdammnis im dritten Kapitel von Joyces *Portrait of the Artist as a Young Man* (1916) sind, wo immer wieder betont wird, die Situation der Verdammten sei »ohne einen einzigen Hoffnungsschimmer« – ein nicht sehr appetitliches Kuriosum. Daß es entsetzliche Vergeltungen für ein Vergehen oder eine Unterlassung geben mag, kann die moralische Phantasie nicht von vornherein ablehnen, doch müßten sie wesentlich anders konstruiert werden.

Ein besonders eindringliches Bild hat Dickens im ersten Weihnachtsmärchen gefunden: Als Ebenezer Scrooge vom Geist seines toten Partners Jacob Marley zum ersten Mal aus seiner misanthropischen Gleichgültigkeit aufgeschreckt wird, ist er plötzlich befähigt, das Unsichtbare zu erblicken, und sieht, als er aus dem Fenster schaut, über den frierenden Bettlern Phantome in der Luft toben: Es sind die – wie Marley – mit schweren Ketten aus Geldkassetten, Vorhängeschlössern, Kontobüchern und dergleichen gefesselten Toten, heulend vor Verzweiflung, daß sie den Lebenden, denen sie im eigenen Leben niemals geholfen hatten, nun nicht mehr beistehen können. Es liegt hierin auch etwas Fibelhaftes, die offenbare Moral: Tu Gutes, so lange du überhaupt noch handeln kannst. Wie Dickens in diesem singulär aus Komik und Pathos zusammengewobenen Text ein Phantom sagen läßt: »Es wird von jedem Menschen gefordert, daß der Geist in ihm ausgehe und unter seinen Mitmenschen weit und breit umherziehe, und wenn dieser Geist im Leben nicht wandert, wird er verdammt, es nach dem Tod zu tun.« Doch füllt durch Dickens' Kunst das starke Gefühl den leeren Umriß der moralischen Platitüde aus, und die Kraft dieser Emotion – des Mitleids – bekräftigt die Idee der Durchlässigkeit von Vergangenheit und Gegenwart, von Lebendig und Tot. Die vielleicht (ihrer Unscheinbarkeit wegen) rührendste Erscheinung der Toten in den von ihnen handelnden Geschichten ist aber das stumme Sich-Zeigen, das nicht droht, nicht heischt, nicht schreit – das nichts will, als mit einem leisen Vorwurf an die eigene Existenz und deren arges Ende erinnern.

Die Ruhe des Grabes soll gewahrt werden. Eine Störung der Totenruhe ist selbst noch in unserer säkularen Gesellschaftsordnung ein eigenes Delikt. Sir Thomas Browne schrieb in seinem wunderbaren, aus Weisheit, Abschweifung und hoher Prosakunst zusammengesetzten Essay über einen prähistorischen Urnenfund in Norfolk *Hydriotaphia or Urn-Burial* (1658): »Daß man uns aus unseren Gräbern herausnagt, daß man aus unseren Schädeln Trinkschalen fertigen mag und aus unseren Knochen Pfeifen, zum Vergnügen und Zeitvertreib unserer Feinde, dies sind tragische Greuel, denen man in einem Urnenbegräbnis entrinnet.« Wir sorgen uns darum, daß unsere Gräber ungestört bleiben mögen, und doch scheint es – befragen wir die Literatur –, daß die Toten sich mit größtem Eifer anstrengen, das Grab wieder zu verlassen. Zu den Konventionen der Gespenstergeschichte gehört es, daß ein streifendes, lauerndes Böses den Menschen vernichten will. Oft gibt es eine Begründung, ebensooft begegnen wir einer prinzipiellen und unbegründbaren Grausamkeitslust – bestimmte Orte sind verseucht davon, die *ghost stories* führen sie in ihren Titeln an wie »The Room in the Tower«, »Red Lodge«, »The Stalls of Barchester Cathedral« … Solche Orte sind manchmal von einer so unabweisbaren Tödlichkeit, daß nur noch eines bleibt: sie meiden. »›Also, Mr. Runt‹, sagte der Untersuchungsrichter, ›Sie sagen, Sie hätten aus der Richtung des Herrenhauses Schreie gehört. Warum sind sie nicht hingegangen und haben nachgesehen?‹

›Von uns geht keiner nach Sonnenuntergang zum Herrenhaus‹, sagte Mr. Runt.

›Ach, ich weiß, daß es da irgendeinen absurden Aberglauben gibt, aber Sie haben meine Frage nicht beantwortet. Es waren laute Schreie zu hören, offensichtlich von jemand, der Hilfe brauchte. Warum haben Sie nicht nachgesehen und sind statt dessen weggerannt?‹

›Von uns geht keiner nach Sonnenuntergang zum Herrenhaus‹, sagte Mr. Runt.

›Gehen Sie jetzt endlich auf meine Frage ein. Ich darf Sie daran erinnern, daß der Doktor ausgesagt hat, Mr. Cort müsse irgendeinen Anfall gehabt haben, aber bei rechtzeitiger Hilfe hätte sein Leben vielleicht gerettet werden können. Wollen Sie mir sagen, daß sie selbst im Bewußtsein hiervon sich derart feige aufgeführt hätten?‹

Mr. Runt sah zu Boden und fingerte an seiner Mütze herum.

›Von uns geht keiner nach Sonnenuntergang zum Herrenhaus‹, wiederholte er.« (H. R. Wakefield, »Blind Man's Buff«, in *Old Man's Beard*).

Daß die Gespenster in der *ghost story* prinzipiell böse sind, ist ein Umstand, der ein wenig der grundlegenden Bedeutung des Mordes im Detektivroman gleicht. Strukturell ist die Bosheit für eine Gespenstererzählung ebensowenig notwendig wie der Mord für die Detektivgeschichte – diese beginnt historisch ja auch mit einem bunten Reigen aus Juwelenraub, Dokumentendiebstahl, selbst (in einer Sherlock-Holmes-Geschichte) Prüfungsbetrug. Mehr und mehr aber wird der Mord unabdingbar. Die Gespenstergeschichte entwickelt im viktorianischen Zeitalter sentimentale Formen (die heimgegangenen Kinder), aber ihr Phänotyp ist das böse Gespenst. In dem mit großer Kennerschaft ausgewählten Inhalt des *Oxford Book of English Ghost Stories* (1989) stehen unter den zweiundvierzig Geschichten lediglich zwei, in denen die Erscheinungen den Menschen nicht übel wollen. Eine von diesen ist Simon Ravens »The Bottle of 1912« – hier halten die Toten ein freundschaftliches Versprechen, aber die Story ist durchaus melancholisch und düster. Die interessantere Ausnahme ist jedoch die zweite Erzählung, »An Encounter in the Mist« von A. N. L. Munby (geschrieben übrigens wie die anderen Erzählungen in Munbys 1949 erschienener Sammlung *The Alabaster Hand* in der Kriegsgefangenschaft in Eichstätt). Geschildert wird die Begegnung eines nachts in einer öd-gebirgigen und im Nebel nicht ungefährlichen walisischen Landschaft Verirrten mit einem freundlichen alten Mann, der zwar nur Walisisch spricht, doch aus seiner Kutte eine gedruckte Karte zieht, auf welcher er dem Wanderer den richtigen Weg mit dem Finger zeigt. Der folgt diesen Anweisungen, doch ein

Stolpern auf dem Wege, das einen Stein ins Rollen bringt, der vor ihm krachend in einen Abgrund fällt, zeigt ihm, daß der Rat ins Verderben führt. Er wird von den ihn mittlerweile Suchenden gerettet; zu Hause erzählt man ihm die lokale Sage von einem Eremiten, der im achtzehnten Jahrhundert in nebligen Nächten die Berge durchstreift hat, um die Wanderer sicher zu geleiten, und eigens eine Karte mit dem guten Weg hat drucken lassen. In der Zwischenzeit aber hat sich durch einen Bergsturz die Landschaft verändert, und der alte Pfad auf der Karte ist lebensgefährlich geworden. Auch das gütige Phantom scheint dazu verurteilt – von wem? von der Logik der Gespenstergeschichte – die Lebenden, denen es begegnet, zu vernichten.

*

> Der Tod in der Schule als Mädel.
> ERNST HERBECK (»ALEXANDER«)

> The living and the dead dance together.
> Now's the time, now's the place, now's the weather.
> ROBERT AICKMAN, Ringing the Changes

Die Toten bedrängen uns so sehr, weil wir sie immer wieder vergessen. Die Religionen und selbst die säkulare Pietät legen uns nahe, ihrer zu gedenken. Das ist auch in der Ordnung, aber geschieht es nicht meist um unserer selbst willen? Wir wollen unser rasch zu Angst mutierendes schlechtes Gewissen zerstreuen, indem wir unseren Pflichten nachkommen. Nicht das systematische Gedenken, das einem Pflichtbewußtsein entspricht, scheint den Schlüssel zum Totenreich zu besitzen, sondern nur das zerstreute, die plötzlich aufblitzende Erinnerung. Der Traum führt uns manchmal längst Verstorbene zu, die sich wieder zu uns setzen und glücklich oder mißlaunig, aber fast stets in vollkommener Beiläufigkeit, mit uns reden. Der flüchtige Einwand des Traumbewußtseins – und ich habe immer gedacht, du bist tot – erlischt in einer sozusagen achselzuckenden Akzeptanz; man hat sich in so vielem getäuscht, weshalb nicht hier? Und es entspricht unserem tieferen Empfinden, daß es sich hier einfach um einen Irrtum gehandelt hat. Diese flüchtige Selbstverständlichkeit ist die vielleicht schönste Utopie, die wir hinsichtlich der Gestorbenen haben. Da es uns wachend schwerfällt, an ein Wiedersehen zu glauben, sind wir dankbar für diese unauffälligen Epiphanien, bei denen man sich gelegentlich gemeinsam erheitert oder gutmütig über ein Detail streitet, das schon vor Jahrzehnten verlöscht ist.

Ein großer Teil des Gespenstergeschichten-Grauens zielt auf den unappetitlichen Verfall unseres Leibes, das Stinkende, Aashafte, Wurmwimmelnde. Demgegenüber ist das Skelett blank, proper, in gewisser Weise: reine Ordnung. Die Memento-mori-Kunststückchen des Kunsthandwerks im Mittelalter und in der Renaissance stellen uns beides vor – elegante Tödlein aus Elfenbein oder Ebenholz, verwesende Leichen im Sarge, Wendeköpfe mit einer fleischlich-alltäglichen und einer schädelgrinsenden Seite. Das will uns die Endlichkeit unseres Lebens und den unvermeidlichen Zerfall des Leibes lehren. Solche kleinen Bravourbeispiele der ingeniösen Kunst sollen uns wie viele andere Artefakte und Texte unterweisen in der Ars moriendi, der Kunst des Sterbens; volkstümlicher gesprochen: im »guten Tod«. Der gute Tod ist der, an den man schon lange vorher gedacht hat. Seltsam aber ist es, wie sich hier in den skelettalen Gebärden einer didaktisch auftretenden Predigt der Weltverwerfung gelegentlich eine merkwürdige Munterkeit zu entfalten beginnt – es ist die autonome, munter klappernde Beweglichkeit des Skeletts. Wie der Knochenmann auf den Bildern von Holbeins Totentanz sich nicht genug tun kann in verwegenen Ausfallschritten, so schmeißen andernorts die tanzenden Toten die Beine, als besäße das Gerippe eine lustvoll athletische Beweglichkeit, wie sie kaum dem lebendigen Körper zukommt. Das Wort Totentanz bezeichnet eigentlich zwei verwandte, doch durchaus unterschiedliche Vorstellungen: Einmal den Vorgang, in dem die Repräsentanten aller Stände, Kaiser und Bettler, Papst und Bauer und alle erdenklichen Berufe und Ämter dazwischen vom Tod hinweggerissen werden, meist in schreckhafter Unmittelbarkeit direkt vom Pflug, vom Spieltisch, von der Tafel, vom Handwerk, vom Liebeslager. Dann aber gibt es den sozusagen reinen Totentanz, wo nicht der heranspringende Tod einen Menschen nach dem anderen abführt in den Zug der sterblichen Menschheit, sondern wo die Toten miteinander zum Vergnügen den Reigen tanzen. Dieses seltsame Spektakel ist besonders schön an einer Stelle beschrieben worden, an die man vielleicht nicht gleich denken würde: in einem Gedicht von Goethe. Dieser hat eine Ballade verfaßt, die »Totentanz« heißt. »Der Türmer, der schauet zu Mitten der Nacht / Hinab auf die Gräber in Lage. / Der Mond, der hat alles ins Helle gebracht …« Und in diesem Mondlicht sieht nun der Türmer von oben, wie die Gräber sich öffnen, die Leichentücher fallen (»Und weil hier die Scham nun nicht weiter gebeut, / Sie schütteln sich alle, da liegen zerstreut / Die Hemdelein über den Hügeln«) und das klappernde Tanzvergnügen der Toten beginnt. »Das kommt nun dem Türmer so lächerlich vor; / Da raunt ihm der Schalk, der Versucher, ins Ohr: / ›Geh, hole dir einen der Laken!‹« Er raubt ein Leichentuch, der Tanz endet schließlich, einer der Toten findet, beraubt, nicht ins Grab zurück, »wittert« den Diebstahl, klimmt am Kirchturm empor – durchaus ins Unheimliche gesteigert: »Schon trübet der Mond sich verschwindenden Scheins, / Die Glocke, sie donnert ein mächtiges Eins, / Und unten zerschellt das Gerippe.« Dieses die Lachlust Weckende des Totentanzes (»Gebärden da gibt es vertrackte«), seine Nähe zum Schabernack, lassen an unsere Halloween-Industrie denken, wo Kinder sich mit rasselnden Totengebeinen verlustieren – die Kinder, die ja auch aus der Piratenmythologie den Jolly Roger kennen, die schwarze Flagge mit dem Totenschädel und den gekreuzten Knochen.

Hüpfende Skelette: Hier wären wir mit einem Mal in Mexiko angelangt, in einer erstaunlichen Volkskultur, die den 2. November – Allerseelen, hier: Tag der Toten – mit hundert Formen bunten Konfekts feiert, welche Schädel und Gebein darstellen, und die sich das Skelettale mit Flitter und Süßigkeiten formt, daß es wie ein Adventskalender oder ein Schokoladenosterei fungiert. Wäre bei uns eine Praline in Form eines Totenschädelchens ein subversiver (oder, da die Subversionskraft solcher Grenzüberschreitungen bald erlischt, geschmackloser) kleiner Scherz, ist sie dort Teil einer sachlich-gefühlvollen und nicht unironischen Erinnerungsfrömmigkeit. Eisenstein war, wie die Fragmente seines unvollendeten Filmes *Que viva México!* zeigen, gerade von dieser Seite des mexikanischen Volkslebens fasziniert, die ihre Wurzeln sowohl in den präkolumbianischen Religionen der Indianer wie im spanischen Barock hat. Ein Meister der Graphik hat sich zu Beginn des zwanzigsten Jahrhunderts dieser Volkstradition bemächtigt: José Guadelupe Posada, ein populärer Illustrator von Flugblättern über Mißgeburten, Exekutionen, Wunder, Morde und den Brand einer Stierkampfarena, setzte in derartigen Holzschnitten die *calaveras* in Gang. Das spanische Wort bedeutet den Schädel, den Totenkopf; abgeleitet auch den Hohlkopf, den albernen Blödmann – was inspirativ bei der Erfindung einer Welt voll hüpfender, zappelnder, aufeinander einschlagender oder einander küssender Skelette mitgespielt haben mag. Posada überläßt sich beim Entwerfen seiner Bilder lustvoll der Behendigkeit der *calaveras*, die auf Fahrrädern vorüberschießen, in Balltoiletten einherschreiten, als Don Quijote zu Pferde daherjagen. Ihre Gewänder, Zylinder usw. maskieren nicht den Verfall, es sind kokette Attribute einer ostentativen knöchernen Agilität, zu der das Modische hervorragend paßt (und bei deren Anblick man sich an Leopardis Dialog zwischen Mode und Tod erinnert fühlt, wo die Mode die ihr begegnende »Madama Morte« daran erinnert, daß sie beide eine gemeinsame Geburtsstunde haben – den Sündenfall, der die Sterblichkeit des Menschengeschlechts in Gang setzt und die Feigenblätter in die Welt bringt). Die *calaveras* hantieren genau wie im Leben mit allem Erdenklichen, sie sind Straßenkehrer und Marktfrauen, sie fahren in der Straßenbahn (Gran calavera eléctrica). Sie sind Liebespaare (Calavera de Cupido). Sie dringen auch in die politisch-aktuelle Publizistik Posadas ein: Calavera de un revolucionario zapatista. Bei Unfällen im Calavera-Land wirbeln die Schädel durch die Luft, doch kann denn den Toten noch etwas zustoßen? Die ausgelassene Energie der Skelette bei Posada hat etwas die Angst Entwaffnendes. Die Utopie einer Überwindung des Todes vollzieht sich hier, indem der Tod ununterscheidbarer Bestand der Alltäglichkeit wird. In seinem großen Wandgemälde *Sonntagsnachmittagsträumerei im Alameda-Park* (Hotel del Prado, Ciudad de México) läßt Diego Rivera den sonntäglich gekleideten Posada Arm in Arm mit einer eleganten Calavera-Dame (mit den Zügen seiner »calavera catrina«) auftreten; die freie Hand des Skeletts ergreift Rivera als Knabe, dahinter sieht man Frida Kahlo und José Marti.

*

> »Zunächst einmal gab es da das Haus mit einem bestimmten Zimmer, wo eine Reihe von Leuten unbedingt die Nacht verbringen wollten, und jeden fand man dann morgens knieend in einer Ecke, und er konnte eben noch sagen: Ich hab's gesehen, und starb dann.«
> »War das nicht das Haus am Berkeley Square?«
> »Das wird es wohl gewesen sein.«
> M. R. JAMES, A School Story

Ein fast vergessenes Bonmot der Marquise du Deffand faßt präzise den inneren Zustand des Liebhabers phantastischer Geschichten zusammen: »Glauben Sie an Gespenster?« – »Nein, aber ich habe Angst vor ihnen.«
ROGER CAILLOIS, Images, Images ...

Quand je serai mort, quand je serai de nos chers morts ...
VALÉRY LARBAUD, L'Innommable

Es gibt einen Satz, den Stefan George als »das Tiefste über Gespensterglauben« bezeichnet hat, in den Gesprächen mit Clotilde Schlayer in Minusio; er ist eine perfekt symmetrische Umkehrung der zitierten Worte von Mme. du Deffand: »Croyez-vous au fantômes? – Non, mais j'en ai peur.« Der Satz stammt von der Mutter Alfred Schulers, des markantesten Kopfes jener Fraktion der Schwabinger Bohème, die man als Kosmiker bezeichnete (Magier, die unbedingt zaubern und Erscheinungen beschwören wollten, jedoch – wiederum dieselbe alte Dame: »Nix haben sie gesehen, Herr Doktor, aber verraten sie mich nicht, sonst schlagen sie mich tot!«). Und der Satz lautet: »Ich hab einmal eins gesehen, aber glauben tu ich doch nicht dran!«

Gespenster wären zweifellos ein würdiger Gegenstand unserer Aufmerksamkeit. Es könnten unüberschaubar viele sein. (Wann tritt eigentlich der merkwürdige demographische Punkt ein, an dem die Zahl der auf dem Planeten Lebenden größer ist als die Zahl aller, die je zuvor gelebt haben? Die Zahl der Lebenden größer ist als die der Toten?) Wissen wir wirklich etwas vom Tode? Man kann nicht bestreiten, daß in der vulgärepikureischen Formulierung, die Otto Reuter singt: »Vorrm Tode sich fürrchten hat keinen Zweck / Man errlebt ihn ja nicht – wennrr kommt, ist man weg«, ein Trost für den zu finden ist, der Todesangst empfindet. Aber hier wird eine Frage mit gutmütiger Verzweiflung vom Tisch gewischt; das ist nicht genug. In unserem Interesse an den Phantomen steckt ein Bewußtsein von der Unbegreiflichkeit des Lebens und eine Sehnsucht nach der Entgrenzung der Welt (wie sie sich am entwaffnendsten in den sentimentalen Vampirgeschichten ausdrückt, welche vom soziologischen Äquivalent der »kleinen Ladenmädchen« Siegfried Kracauers heute so gerne im Kino gesehen werden). Die Vampire – die »Untoten«, also Toten und doch nicht Toten – besitzen große Attraktivität: Schönheit, Wissen, Unsichtbarkeit, Schnelligkeit. Die Phantome vermögen mehr als wir. Wir grübeln nach, woher das kommen könnte.

Die Toten sind eifersüchtig, sie hüten ihr Eigentum oder ihre Schätze, sie können sich von alten Untaten nicht lösen, sie beanspruchen ein Terrain für sich, sie wiederholen immer dieselben Gesten, die sie ins Unglück gebracht haben, sie stellen unerfüllbare Forderungen – sie sind, kurz gesagt, wie wir, und ein Zyniker könnte hinzufügen: Kein Wunder, daß wir Angst vor ihnen haben. In der Gespenstergeschichte ist die klassische Konfrontation mit dem Phantom ein Gegenüber Auge in Auge. Immer wieder kommt es im zentralen Text des Kanons, den *Ghost Stories of an Antiquary* von M. R. James, zu dieser Konfrontation: »und das Leintuchgesicht war dicht an das seine gepreßt« … Wie der Erzähler in Perceval Langdons »Thurnley Abbey« sagt, als die ungeheuerliche Erscheinung sich über den Fuß seines Bettes lehnt: »Ich sah es an und es sah mich an, und das Hirn im Schädel wurde mir trocken und heiß.« Dieses Aug' in Auge legt den Gedanke an einen Spiegel nahe; in der Konfrontation mit dem Phantom treten wir in ein »Spiegelstadium« eigenster Art ein. Der würgende Schrecken entspringt unserer Unfähigkeit, das Draußen als Reflex des Drinnen zu erkennen.

Es gibt in diesen Gespenstergeschichten immer eine sozusagen untergeschobene Logik der Provokation. Eine furchtbar bedrohliche Ungeheuerlichkeit erscheint, der Grund dafür ist eine vielleicht nur kleine, aber deutliche Grenzübertretung, irgendeine das Frevlerische streifende Unbekümmertheit, doch die ist in der Regel winzig: Es naht das Verhängnis nur eines zerstreuten Fehlgriffs, einer kleinen Zufälligkeit wegen. Wir dürften uns eigentlich gar nicht bewegen. Dieser Zufall, dieser Fehler gehört immer einem bestimmten Kontext an, der uns lehrt, was hier mit monströser Schrecklichkeit bestraft wird: die Neugier. Das sollte ein entscheidender Hinweis sein: Was mit soviel Verboten umstellt wird, muß ein interessantes Geheimnis sein. Vermögen wir das Rätsel zu lösen? Bei der vielleicht berühmtesten Gespensterbegegnung der Weltliteratur fällt ein Satz, in dem sich Komik und Hoffnung vollkommen legiert haben. Als in der ersten Szene von Shakespeares Stück der Geist von Hamlets Vater erscheint, wird deutlich (und man weiß dies ohnehin von den Geistererscheinungen), daß das Phantom will, man möge zu ihm sprechen. Die Soldaten der Wache, voll Angst und Erstaunen, wissen nicht, wie sie sich verhalten sollen, und Marcellus sagt – es ist die psychologische Logik einer Gruppe von Kindern, wo eins das andere nach vorn schiebt, wunderbar gut beobachtet – zu Horatio: »Thou art a scholar, speak to it.« Du hast doch studiert, sprich du mit ihm! Der Gebildete soll mit dem Gespenst reden, aber es ist evident, daß sein Wissen hier nicht weit reichen wird.

Wenn die Toten ein Geheimnis haben – welches wäre es? Es ist ein nach dem Dupinschen Prinzip des Entwendeten Briefes konstruiertes Geheimnis – eines, das sich verbirgt, indem es so vollkommen offenbar ist. Das Rätsel und das Mysterium der Toten ist wundersam einfach. Wir sind die Geister, wir kratzen nachts unhörbar an den Türen. Wir sind es im Futurum, aber mit vollkommener Gewißheit. Der alte sanglante Scherz, ins Zimmer zu treten und zu jemandem zu sagen: Sie müssen sterben!, um auf das unruhige Befremden des Angeredeten hin fortzufahren: Wir müssen alle sterben, wußten Sie das nicht? – dieser Witz enthält eine Wahrheit, die wir, obwohl von ständigen Mahnungen an die Vergänglichkeit umgeben, gerne verdrängen. Wenn von den Toten die Rede ist, ist von uns die Rede. Warte nur, balde … Weshalb fürchten wir sie also? Was fürchten wir? Wir fürchten narzißtisch unsere eigene Abwesenheit, aber die vielen Geschichten, die wir von den Toten erzählen, deuten noch anderes an. Die Toten wissen etwas, das wir nicht wissen, das ist der Tenor unserer Fiktionen. Irgend etwas ist es, ein ungesühnter Frevel, der Ort eines Schatzes … nein, es ist wohl das Geheimnis *unseres* eigenen unwissenden Herzens. Die Gespenster verweisen uns auf unsere Unzulänglichkeit; Gespenstergeschichten zählen zu den wenigen Erben einer Tradition, deren Phänotyp das Buch Hiob ist: Erzählungen, die dem Menschen sagen, daß er von etwas Entscheidendem nichts weiß und nichts begreift.

Joachim Kalka,
geboren 1948, lebt als Kritiker und Übersetzer in Berlin. Die Deutsche Akademie für Sprache und Dichtung verlieh ihm 1996 für sein Übersetzungswerk – insbesondere für die Übertragungen der Romane von Gilbert Sorrentino – den Johann-Heinrich-Voß-Preis und wählte ihn 1997 zum Mitglied. 2009 nahm ihn die Bayerische Akademie der schönen Künste auf. Für den Berenberg Verlag hat er John Maynard Keynes, Léon Blum, G. K. Chesterton, A. J. Liebling, Perry Anderson, Jean Giraudoux und Christopher Isherwood übersetzt; hier erschienen auch die Essaybände *Phantome der Aufklärung* und *Hoch unten*.

Vier der hier gesammelten Texte erschienen im *Kursbuch* oder in der *Neuen Rundschau*; vier wurden eigens für diesen Band geschrieben.

Konzeption | Gestaltung: Groothuis, Lohfert, Consorten | glcons.de
Satz | Herstellung: Büro für Gedrucktes, Beate Mössner
Gesetzt aus der Palatino und der Kievit
Abbildungen: Einbandvorderseite von F1 online digitale Bildagentur, Einbandrückseite von Süddeutsche Zeitung Photo, Frontispiz von ullstein bild
Reproduktion: Frische Grafik, Hamburg
Druck und Bindung: CPI – Clausen & Bosse, Leck
Printed in Germany
ISBN 978-3-937834-51-1